挑战博彩
澳门博彩业开放及其影响

The Opening of Macau Casino Business and Its Impacts

黄 平/主编

社会科学文献出版社
SOCIAL SCIENCES ACADEMIC PRESS (CHINA)

前　言

黄平　苏树辉

自1999年澳门回归祖国以来，在中央政府的关怀下，澳门人民和特区政府经过艰苦的努力，不仅实现了澳门的平稳过渡，而且使澳门经济、社会得到了进一步的发展。由于历史的原因，澳门所存在的一些问题并没有随着回归和经济的发展而自然得到解决。与此同时，外来各种力量从政治、经济、社会、文化等诸多领域向特区施加影响。如何在新的形势下，适应澳门经济社会发展的需要，建立确保澳门稳定繁荣的长效机制，是迫切需要解决的现实问题。

根据中国社会科学院学术交流委员会与澳门中西创新学院的学术交流协议，中国社会科学院2006年6月组成了"澳门经济社会发展若干问题研究"课题组。

本课题组综合考虑澳门和内地的情况，由中国社会科学院与澳门中西创新学院联合进行相关研究，发挥中国社会科学院学科门类全、视野宽、层次高的研究优势，利用澳门中西创新学院熟悉当地情况、人脉关系广泛的特点，力争准确、全面、及时地掌握相关信息和资料。在此基础上，力求以全面、细致、准确的实地调研为基础，尽可能得出比较扎实、可靠的结论。考虑到本课题涉及的问题复杂，任何一个学科都不能单独提供解决方案，必须进行多学科协同研究，运用不同学科的研究方法和知识专长，相互启发、相互补充，才能得到相对准确、合适的研究成果。本课题主要邀请了社会学、经济学、法学、国际关系、港澳研究的学者协作参与资料的提供、收集与分析、报告的撰写等工作。

本课题针对以下问题进行了研究：

1. 澳门经济结构问题的分析研究

长期以来，澳门地区以博彩业为主要经济支柱。据统计，目前博彩业收入占澳门总收入的 75% 以上，并成为澳门主要的就业职位供给行业。这一局面在相当长的一段时间内不会发生根本性变化，本课题立足于如何使博彩业在发挥经济支柱产业体现澳门经济特色的同时，又不至于在客观上成为其他行业发展的绊脚石，进行了认真研究。同时还就关系到澳门稳定繁荣的博彩业所积累的大量资金的合理分流以及博彩业合理的扩大再生产问题，进行了研究。

2. 应对大量境外资本对澳门经济产生影响等的分析研究

自回归以来，境外资本就通过各种方式进入澳门市场。尤其是澳门博彩业结束垄断以后，以美资为主的外资迅速进入澳门博彩业，其投资额已超过百亿美元。同时，大量外资投向不动产业，不仅使地域狭小的澳门为数不多的土地和房地产资源为境外资本所控制，而且造成了房地产价格的过快增长，部分澳门人士甚至担心外资已经拥有了左右澳门房地产市场的能力。本课题就如何运用法律手段和经济手段规制外资有序进入博彩业，实现既有利于合理吸引外资促进澳门繁荣，又不至于危及澳门的稳定和安全的目标，进行了探讨。

3. 澳门原有葡式法制的本土化问题的分析研究

按照《澳门特别行政区基本法》的规定，澳门原有法制，除与《基本法》相抵触者外保持不变。由于葡萄牙统治澳门四百余年，澳门原有法制带有明显的葡萄牙烙印，虽然在过渡时期，葡澳当局采取了一些有利于过渡的措施，但是对于原有法律的本土化影响甚小。目前，法制本土化问题主要存在几大难点。首先，原有法律和判决均为葡文并且产生于葡萄牙的法律文化背景之下，不仅与内地差异甚大，与澳门民间文化也存在相当程度的不适应性。其次，回归前，澳葡当局在公务员和法律专才本地化方面态度消极，绝大部分公务员和法律专才为葡人，澳门本地土生土长葡人和华人在这两个领域从业的人数都极少。回归后，中高级公务员和法律专才的缺口较大，至今仍未妥善解决。况且，由于澳门法律院校中同时精通葡文和中文的教师严重不足，短时间内也无法通过澳门本地的教育体制培养出数量足够的本地人才，加上澳门发展对内地的依赖性以及内地法律和来自内地的法律专才的影响，还有相当数量的澳门普通民众对葡式法律的陌生和反感，如何处理澳门原有法制的本土化问题已成为困扰澳门各界特别是法律界的难题。本课题就此进行了研究。

4. 循序渐进地发展澳门本地政治问题的分析研究

由于历史形成的原因，澳门本地的政治事务主要受几大家族的影响，确立以几大家族为中心的利益集团的平衡一直是确保澳门政治稳定的重要因素。澳门回归以前，从有利于团结澳门各方面力量的角度出发，对于澳门本地的家族政治问题采取尊重的态度。回归以后，根据"一国两制"的原则，在不影响澳门稳定繁荣的前提下，对于澳门不同派别的政治势力采取"充分尊重的基础上加以引导"的政策。从澳门回归以来的实际效果看，这一做法还是成功的。但是，随着澳门社会的不断发展，澳门本地必然会逐渐产生市民的需求，中产阶层和专业界人士对于长期影响本地政治运作和利益分配的家族政治传统会逐渐产生不同反应。而几大家族之间的动态平衡也会因为某些因素的影响而产生一定的波动。本课题组就如何在《基本法》的框架下，妥善应对澳门的具体情况，进而逐步实现依靠制度而不是依靠特定的人士实现澳门的有效管理，进行了研究。

5. 完善博彩业的法律规制问题的研究

作为澳门支柱产业的博彩业由于在很长时期内处于独家垄断经营的状态，其规制方式多以内部规范为主，法律规制实际只是起到辅助作用。随着博彩业垄断经营的结束，尤其是外资进入博彩业，历史上长期行之有效的博彩业规制模式已无法适应形势的需要。因此，必须加强博彩业法律规制的研究，运用法律规制实现市场准入的规范化、行业运行的规范化。同时，针对外资大量涌入博彩业对澳门安全的威胁、黑恶势力介入博彩业运行、内地腐败分子挪用公款在澳门参赌、恐怖势力和国际犯罪集团利用博彩业洗钱等问题，也只有运用法律规制才能达到既遏制相关行为又能为国际社会所接受的目的。

2006年6~12月，课题组进行相关调研，收集资料。课题组派人作为访问学者赴澳门进行调研，与澳门合作方学者共同召开课题研讨会，并就子课题所涉及的相关问题撰写论文或内参报告作为阶段性成果。

2006年10月至2007年6月，课题组召开小型座谈会，就调研中发现的问题和有关部门关心的事宜进行研讨，撰写子课题研究报告，并就其中的部分问题提出建议。

2007年7~12月完成课题相关报告。

前 言

2008年1月邀请有关专家召开课题结项论证会。

2008年2月交社会科学文献出版社出版研究报告集。

应该说，这个研究仅仅是开始，澳门本身的发展还在继续，本研究还有很多领域有待开拓，已有的研究也有待深化，对于本研究中的任何不足，本课题组应承担所有责任，更要在今后的研究中加以弥补。并且，由于课题组成员的学科背景、专业角度各不相同，本课题组也鼓励每位参与者既彼此沟通、交流，又各持己见、言之成理。文中所持观点并不代表各自所在的机构，而仅为一己之见，能抛砖引玉就求之不得了。在此，要特别感谢对本研究提供了帮助的澳门中西创新学院、中国社会科学院学术交流委员会以及为本研究的出版提供方便的社会科学文献出版社。

2008 年 2 月 22 日

目　录

I 外国资本进入澳门博彩业的经济、社会后果　　罗　静 / 1
　一　放开赌权 …………………………………………… 3
　二　赌权放开后 ………………………………………… 12
　三　繁荣背后的隐患——博彩业快速膨胀后社会、
　　　经济问题 …………………………………………… 22
　四　简要结尾 …………………………………………… 30

II 从制度变迁的角度看美资进入澳门博彩业　　罗振兴 / 33
　一　赌权开放前的澳门博彩业制度 …………………… 36
　二　赌权开放、美资进入与澳门博彩业制度的变革 … 43
　三　"自由行"与澳门博彩业制度的变革 …………… 57
　四　美国与澳门博彩业制度的变革 …………………… 60
　五　结语 ………………………………………………… 65

**III 澳门博彩业专营权有限开放对澳门社会
经济发展的影响分析**　　王斌康 / 67
　一　澳门回归前现代经济发展过程的阶段性分析 …… 69

二 澳门回归后特别是博彩业对外资开放后的
  经济发展速度和发展水平的关系分析…………… 74
三 澳门经济发展动力的经济学分析………………………… 78
四 赌业开放对澳门人力资本形成的冲击和
  影响分析…………………………………………………… 81
五 澳门经济稳定健康发展的制度因素分析……………… 85

Ⅳ 澳门有限开放博彩业许可制条件下的法律监管　陈欣新 / 89
一 澳门对外资开放博彩业的原因及其法律基础………… 91
二 "一国两制"与 WTO 对澳门博彩业法律规制的
  影响………………………………………………………… 96
三 完善澳门博彩业监管法律制度……………………………109

Ⅴ 澳门公共行政之评议　　　　　　　　　　黎祖智 / 121
一 序言…………………………………………………………123
二 《公共行政改革路线图》…………………………………125
三 2008 年公共行政领域的主要工作………………………130
四 承认施政工作中的失衡和不足……………………………133
五 澳门特别行政区的政治架构………………………………136
六 行政管理的组织架构及其运作……………………………139
七 澳门特别行政区的人力资源管理…………………………143
八 公共行政方面人才的培养…………………………………147
九 结论…………………………………………………………150

VI "澳门模式"的历史意义
——体现中西和平、和谐、共存、合作发展的应对机制 霍启昌 / 153

一 前言 ……………………………………………… 155
二 葡萄牙人来华与"倭寇"问题复杂化 ………… 157
三 与葡人贸易的争议 ……………………………… 159
四 寻求制驭澳夷良策与"澳门模式"策略的
　　形成 …………………………………………… 162
五 "澳门模式": 明朝监控澳葡的机制和延续 …… 167
六 既自卫防御又体察抚顺夷情 …………………… 170
七 "澳门模式"对"一国两制"的启示 ………… 179

VII 2006~2007年澳门大事记 / 183

外国资本进入澳门博彩业的经济、社会后果

罗 静[*]

[*] 作者：罗静，中国社会科学院城市发展与环境研究中心博士后。

Ⅰ 外国资本进入澳门博彩业的经济、社会后果

1999年12月20日澳门回归。

2002年2月8日将三个赌牌临时判给澳博、永利、银河三家，原来的澳门旅游娱乐有限公司独家专营40多年的局面宣告终结。

2006年10月，根据前三季度的盈利状况，澳门博彩业的盈利在年底超过拉斯维加斯，成为世界第一赌城已无悬念。

一 放开赌权

1. 赌权一开三：引入竞争，经济转型

2002年澳门博彩业70多年的专营历史宣告终结，实行赌权开放。这是澳门历史上第四次赌权变迁①。这次所谓赌权开放，

---

① 前三次赌权变迁是：1847年澳葡当局宣布赌博合法化，一时间，澳门赌场林立，并且它们多由江湖人士控制，时有各派混战的场面。1896年7月，葡萄牙颁布法令禁止赌博，但远在万里之外的殖民地澳门却仍然可以开赌，不受葡国本土法规限制。面对当时赌业无序的状态，澳葡政府进行管制的办法是：由政府主持赌牌招标，由民间竞投，中标者必须按照与政府签订的合约，在指定地点开赌，而民间的私自聚赌则属非法，政府予以禁止和取缔，招标的方式是实行公开招标，以暗标竞投的方式和价高者得的原则。准确地说，从1930年起，澳葡政府就开始实行博彩业专营。直至今日，博彩业变成了澳门经济的主导产业。1930年以卢九家族成员、范洁明及霍芝庭等为主要股东的豪兴公司夺得赌场专利权，这是澳门历史上赌权专营的第一位得主；1937年，澳门开始了第二次的博彩专营权竞投，结果是由享誉港澳的富商高可宁、傅老榕合组的泰兴娱乐总公司夺得赌场专营权，取替了原来的豪兴（转下页注）

就是将现在的一个赌权执照增加到三个,交给三家公司去经营,期限分为 8 年和 20 年两种。

其实澳门放开赌权的声音早在 1997 年就有了,并且是出自赌业内部。1997 年 5 月 24 日的《东周刊》爆料澳娱(澳门旅游娱乐有限公司,以下均采用"澳娱"简称)股东内幕后,澳娱的股东之一霍英东发表讲话呼吁中方在澳门回归(1999 年)后收回澳门赌场专营权。1999 年 3 月,在全国政协会议上,澳门的治安问题引起与会代表的关注,作为全国政协副主席的霍英东在会议上指出:"澳门的治安问题严重与娱乐公司独揽赌权及其经营方式有关。要解这个死结,未来特区政府应将赌权收回。"会议期间,霍英东对媒体也重申了这一立场。

同时澳娱家族内部也传出要改革的声音,1998 年秋何鸿燊的女儿表示对澳门赌业现状的不满,她对传媒说:"我不中意就这样睇赌场(指管理赌场),我觉得将来澳门如果要继续保持优势一定要全面改革。就是说,现行的赌场事业,根本照顾不到市场全面需求。"……"如美国拉斯维加斯,过去 10 年就有好大

(接上页注①)公司,这是澳门历史上赌权的第二次转变;1961 年 10 月,以霍英东、何鸿燊、叶德利、叶汉合组的财团以承诺年饷 316.7 万澳门元为条件,投得了澳门赌场专营权,这是澳门历史上赌权的第三次转变。1962 年 3 月,由何鸿燊代表该财团在葡萄牙里斯本与澳葡当局代表——澳督罗必信正式签署了《承办澳门赌博娱乐专营合约》。同年 5 月澳门旅游娱乐有限公司正式成立。此后该公司一直掌有澳门赌场的专营权近 40 年。期间曾多次续约及修订专营合约,最后一次的修约在 1997 年,合约有效期 5 年,至 2001 年 12 月 31 日届满,这段时期是澳门博彩专营制度的全盛时期。目前这次的赌权开放,是澳门历史上赌权的第四次转变,其最根本的标志是专营制度的终结和赌权的适当分割。目的在于打破垄断,引入外资和竞争机制,为现有机制注入新的活力。充分配置和运用资源,提升和巩固博彩及旅游业作为澳门经济"龙头"的地位,带动其他产业,将整体经济的"蛋糕"做大,促使澳门向着发展成亚洲地区博彩、旅游中心的方向加速迈进。

变化，加入多元化的设施，提供不少家庭娱乐。甚至大型商业会议都选择这个地方举行。赌，只是其中一瓣，而澳门最终要朝这个方向发展。"……"如果一日我沾手澳门赌业，我会扩阔来做，将赌场赚来的资金，发展赌场以外的正统旅游娱乐事业，这样先至做到更多更多生意。"①

而客观上赌场带来的问题也触目惊心，赌场是社会上色情、毒品以及经济、暴力等诸多犯罪的滋生地，众多案件都由赌场而生，并且还有赌业集团内部何婉琪自爆的内部治理问题等等，赌场似乎总是惊险侦探小说中不可缺少的背景。但是如果把这些责任都推到何鸿燊和他的澳门旅游娱乐有限公司身上也是不公平的，这一切只是因为澳娱太大了：澳门政府每年税收一半来自澳娱的赌税，每43个澳门人中就有1人是何鸿燊的打工仔②，他经营全澳的11间赌场，可以说何鸿燊和他的澳娱占据了澳门社会的半壁江山，澳娱从某种意义上说就是半个澳门，因此澳门发生的故事至少有一半在澳娱是合理的。面对一个如此庞大、与民众的社会生活有着密切联系、并且有着日久天长形成的根深蒂固的惰性的一个经济体，无论是从澳娱公司的内部管理角度还是从澳门政府的治理来讲都让人觉得无从插手。并且博彩业一业独大使得澳门的经济结构过分单一，过分地依赖于源源不断的赌客，由此经济上的抗风险能力也比较脆弱，与此同时澳门还面临着经济转型的问题。如何改革是对澳门特区政府的一次巨大考验。

2000年2月，澳门特区政府提出放开澳门赌权构想：澳门旅游娱乐有限公司续办澳门本土专营赌场，凼仔和路环的专营赌

---

① 祝春亭、辛磊：《何鸿燊全传》，湖北人民出版社，2005。
② 《谈笑间换江山　风光璀璨40年　深度报道澳门赌业》，2002年2月28日《三联生活周刊》。

场将公开招标竞投。澳门特区行政长官何厚铧说:"改革赌博业的目的是为了引进竞争,把澳门变成一个更为吸引人的赌博与旅游中心。"澳门博彩业乃至澳门社会的改革从在博彩业"引进竞争"入手,这在当时的状况看来是合情合理而且不失为一个好的办法。同时澳门特区政府也意识到这样的改革是不能激进的。何厚铧2001年12月13日在接受内地记者采访时表示,"特区政府认为能够健康地开放澳门的博彩业,容许一个比较有利的竞争环境存在,对澳门博彩业未来的发展肯定是有利的,但博彩业的开放需要一个按部就班的过程。……澳门的博彩业在亚太地区还是有相当大的吸引力,创造一个比现在更有竞争力、更健康、更多元化的博彩旅游市场对澳门是有利的。……总的来说澳门博彩业的开放有一个前提,就是不能因为博彩业的开放和发展影响到整个社会的稳定,影响到博彩业在澳门健康的发展,更不能因此影响到特区政府未来几年来自博彩业的稳定收入,因此必须按部就班。"①

2000年7月,澳门特区政府成立博彩委员会,完成草拟《娱乐场幸运博彩经营法律制度》,新的法律制度突出革新旧法规定的专营制度,限制发牌数目,最多三个。2000年8月23日,澳门博彩委员会举行首次会议,澳门特首何厚铧亲自出任主席,当日即决定聘请香港安达信公司作为研究澳门博彩业未来发展方向和政策的顾问公司。同年11月9日何厚铧在《澳门特区政府2001年度施政报告》中谈到,"对澳门社会经济的发展有重大影响的博彩专营制度将在科学的分析前提下走出新的方向"。

2001年7月,决定重发赌牌;8月就公布新博彩法,结束澳

---

① 《何厚铧谈澳门赌权开放》,中国新闻社新闻稿,2001年12月14日。

I 外国资本进入澳门博彩业的经济、社会后果

门赌业的垄断经营。为此澳门政府赌牌竞投委员会为投标设立了六项标准评分,分别是投标公司向政府建议缴纳的溢价金、设立学术慈善基金、对社会建设和保障的承担、经营赌场的经验、对澳门的投资承诺,以及提高娱乐场所价值所提供的职业培训等。其中,竞投公司的经营操作及赌场方面的经验占决定因素,占总分54%;其次为对澳门投资的贡献,占25%;其余4项仅为21%。按照澳门博彩第16/2001号法律规定,赌场承批公司必须向特区政府缴纳法律规定的博彩特别税,即按相当于博彩经营毛收入的36%交予政府;其次,承批公司还必须向政府缴纳一项相当于博彩经营毛收入1.6%的拨款,用以促进、发展或研究澳门文化、社会、经济、教育、科学、学术及慈善活动为宗旨的公共事业;另外,博彩承批公司还必须向政府缴纳另一项相当于博彩经营毛收入1.4%的拨款,用以发展澳门城市建设、推广旅游及提供社会保障。此三项税、费加起来共占博彩毛收入的39%,用于回报澳门社会。

2002年2月8日,澳门特区政府批出三张赌牌,经过全世界21家公司的激烈角逐,最终花落三家:一张由独撑了澳门赌业40多年的何鸿燊先生持有的澳门博彩(简称澳博,为澳娱的子公司)夺得;一张由美国西岸赌王史蒂夫·永利旗下的永利度假村(澳门)股份有限公司(简称永利)夺得,同时永利也是美国的上市公司;最后一张落到了香港商人吕志和家族的嘉华集团(0027.HK)与美国威尼斯人集团合作的银河娱乐场(澳门)股份有限公司(简称银河)手中。特区政府分别于2002年3月28日、6月24日及6月26日与澳博、永利及银河签署《澳门特别行政区娱乐场幸运博彩或其他方式的博彩经营批给合同》。

根据承建合同,澳博承诺执行以下项目:(1)渔人码头——

· 7 ·

2003年12月落成；（2）内港建设——2003年12月落成；（3）葡京酒店扩充部分——2004年12月落成。溢价金项目：（1）固定部分按行政长官批示，每年澳门币3000万元；（2）可变动部分，在特别博彩厅设赌台，每张赌台收取每年30万元溢价金；（3）在非特别博彩厅的赌台方面，每张赌台收取每年15万元溢价金；（4）电动或机动博彩机（角子机）每台每年1000元；（5）可变动部分加固定部分，将是澳博需缴纳的总溢价金。缴纳税项：（1）博彩特别税税率为毛收入35%；（2）对公共基金的拨款为毛收入1.6%；（3）城市建设、推广旅游和社会保障为毛收入1.4%；（4）承担河道疏通责任。批给年期：18年；开始经营日期：2002年4月1日零时零分；投资金额：473748万澳门元，必须于订立批给合同后的7年内支出。

引入举世闻名的赌场酒店集团威尼斯人集团，澳门看中的是它擅长的休闲度假及会展业务。政府与银河签署赌约之要项：批给期20年，由2002年6月27日至2022年6月26日。（1）"银河"于订定合约起10年内，完成总额88亿澳门元的投资计划；并须最迟于2006年完成及向公众开放两座度假村式的酒店、娱乐场综合设施（其中一座以"威尼斯人"作为主题），以及一座会议中心。（2）特别博彩税为毛收入35%，税款以1/12按月支付方式缴纳。（3）在社会承担方面：①毛收入1.6%拨款给予一个公共基金会运用（即澳门基金会）；②毛收入2.4%拨款作为澳门的城市建设、推广旅游及社会保障用途。（4）溢价金缴纳方面：（每年缴纳）①固定溢价金3000万元（可按平均物价指数作调整）；②可变动溢价金（按赌台及博彩机数目计算）：a. 特别赌厅每张赌台30万元；b. 非特别赌厅每台15万元；c. 角子机每台1000元。

I 外国资本进入澳门博彩业的经济、社会后果

引入美国永利公司①，澳门看中的是它"把拉斯维加斯从纯粹的博彩旅游变成合家欢旅游的著名城市"。澳门政府与"永利"签署赌约之要项：（1）合约期 20 年，由 2002 年 6 月 27 日至 2022 年 6 月 26 日。（2）合约生效后的 7 年内完成承诺投资计划，投资额不少于澳门元 40 亿。（3）固定溢价金澳门元 3000 万元；可变动溢价金：①特别赌厅每张赌台 30 万元。②非特别赌厅每张赌台 15 万元。③角子机每台 1000 元。永利公司于 2005 年 6 月 26 日起，须按比例缴纳溢价金的固定部分，但如公司在上述日期前已开始营运其综合设施内的一个娱乐场或一个博彩区域，则于营运时起即须缴纳溢价金的固定部分。（4）毛收入 35% 为每年特别博彩税。（5）社会承担方面：①毛收入 1.6% 拨款给予一个公共基金（即澳门基金会）；②毛收入 2.4% 拨款作为澳门特区城市建设，推广旅游及社会保障用途。（6）永利公司的第一间度假村、酒店及娱乐场的综合设施必须最迟于 2006 年竣工并向公众开放。

澳门希望它们能带来除博彩业外的管理经验以及世界性的营销网络，澳门经济需要一个多元化的未来，这也是 2002 年特区政府选择开放赌权带动澳门经济转型的原因。澳门未来将朝着博彩、旅游、文化及会议中心的方向发展。

2. 赌牌三变六：失控？

赌牌"一开三"，随后各自"一开二"，变成六张赌牌。

于发放三张赌牌的同年 12 月，特区政府与银河就双方所签的合约进行了修改。主要是就银河与威尼斯人集团（简称"威

---

① 永利经营赌场 30 余年，在拉斯维加斯创造出了"金殿"和"百乐宫"两家豪华娱乐中心，并将拉斯维加斯由纯粹的赌场转型为适合全家人旅游的观光胜地。

尼斯人")的合作关系起了变化及威尼斯人获准以银河旗下的"转批给"方式在澳门经营幸运博彩业进行修改。原因是银河和金沙决定分开发展,于是向澳门政府申请将赌牌一拆为二并获通过,由银河持有一个主牌,再向金沙发放一个副牌。除名称外,主牌和副牌的权益和责任均一致,持牌人可各自独立经营赌场。此例一开,澳门政府遂容许每个赌牌持有者均可"转批一次"。

澳博公司于2005年分拆赌牌给何超琼(何鸿燊女儿)与美国美高梅(MGM)的合资公司,其中他们各持一半股份。永利是最后一个行使转批权的持牌者,于2006年初将副牌以9亿美元的天价卖给何鸿燊儿子的新濠国际(0200.HK)与澳大利亚PBL(Publishing and Broadcasting Limited)的合资公司①。由此澳门赌牌由三个又变为六个,实际上何鸿燊家族仍然拥有六张赌牌中的三张,不过在目前六个赌牌中,何鸿燊家族仍然占据了半壁江山②。不过澳门特区政府已经表示,不会再容许有新赌牌出现。尽管如此,澳门博彩业竞争主体由三变六,已成为不争的事实。

永利是这场赌牌二次转让最大的赢家。它将自己的另一张副牌卖了9亿美元,折合澳门元将近70亿;而根据它与澳门政府的承批合同,它在七年内总共的投资额只有40亿澳门元。因此永利在澳门的投资是空手套白狼,非但不用自己的钱投资澳门,反倒

---

① 根据相关协议,该牌照将首先以PBL全资附属公司购入,然后再将此子公司40%的股权出售给新濠,即双方以合资公司的形式持有赌牌。该赌牌期限至2022年止,为期16年。同时,新濠和PBL也修订双方长期以来的合作条款,以往新濠占澳门合资赌场的60%股权,PBL则占澳门以外的亚洲区赌场60%的股权;修订后,在澳门及澳门以外的亚洲赌场,双方的权益均各占50%。(《中国证券报》,2006年3月11日,《三张赌牌全部一拆二》)

② 一个由何鸿燊控制的澳博持有,一个由其女儿何超琼持有50%股权,另外一个则由其儿子何猷龙负责经营的新濠发展持有40%股权。

I 外国资本进入澳门博彩业的经济、社会后果

另赚一笔,这样今后若干年永利在澳门经营赌场的风险已经降至零。

然而永利将转让赌牌的9亿美元落入自己腰包令澳人极大不解。而且这个过程中政府没有抽税,令澳人感觉损失很大:本来赌牌由政府发放,赌牌持有者向政府负责,而目前由主牌转让所产生的副牌要向主牌持有者而不是政府付"牌照费",令人匪夷所思。澳门的大律师官乐怡也认为"这并不是国际上通行的做法"。

赌牌开放四年,赌场数量翻了一番。截至2006年11月,澳门赌场数目已有23间(见表1-1),比2002年开放赌权时的11间,增加超过一倍。而此时还有1/3,也就是两张赌牌持有者的赌场尚未开出。在面积不足30平方公里、人口不足50万的澳门,六张赌牌在此竞争是否太多了?

表1-1 2002~2006年澳门幸运博彩娱乐场数目*

承批公司	2002**	2003**	2004**	2005**	2006** 第一季	第二季	第三季	第四季
澳门博彩股份有限公司	11	11	13	15	16	16	16	16
银河娱乐场股份有限公司	—	—	1	1	2	4	4	5
威尼斯人(澳门)股份有限公司	—	—	1	1	1	1	1	1
永利度假村(澳门)股份有限公司	—	—	—	—	—	—	1	1
百宝来娱乐(澳门)股份有限公司	—	—	—	—	—	—	—	—
美高梅金殿超濠股份有限公司	—	—	—	—	—	—	—	—
总 额	11	11	15	17	19	21	22	23

* 数据来源:澳门特别行政区政府博彩监察协调局。
** 期末数目。

二 赌权放开后

2006年10月份媒体上纷纷报道的最新消息是"美国内华达州博彩监控委员会最新公布数据，拉斯维加斯金光大道8月份博彩收入为44.5亿元（5.56亿美元），较澳门同月的46.7亿少逾两亿。澳门第四季有多间大型赌场开幕，料会刺激博彩收入，距离年底前跃升为全球博彩业一哥，只有一步之遥"。①

在澳门赌权开放的短短四年时间里，澳门跃升为世界第一大赌城。到2006年10月共有12间新赌场开业，其中外资的"威尼斯人"拥有的金沙赌场2004年5月18日开业；2006年9月6日，永利拥有的永利赌场开业；2006年10月19日，港商吕志和的星际银河赌场开业……同时回顾澳门自从2002年开放赌权后，博彩业的总收益升幅达一倍，2005年已达458亿澳门元，2006年前三季度已经达到450亿，2006年超过500亿几乎已成定局，乐观估计可以到530亿（见表1-2），可能超越拉斯维加斯，成为全球最大的赌业市场②。埃德森旗下拉斯维加斯金沙集团（Las Vegas Sands）前任高管普伦蒂斯·索尔特（Prentice Salter）表示："拉斯维加斯在40年时间内建起来的一切，澳门将在10年内建成。"③

---

① 澳门博彩收入年底超越美拉斯维加斯"问题不大"，载：http://www.chinanews.com.cn//ga/zjmd/news/2006/10-12/803225.shtml。
② 澳门2005年来自赌场—博彩业的收入为56亿美元，仅次于拉斯维加斯金光大道（Las Vegas Strip）的60亿美元。2006年上半年，澳门赌场业的收入为31亿美元，与拉斯维加斯金光大道的33亿美元已相差无几。
③ 汤姆·米切尔（Tom Mitchell）、刘励和（Justine Lau）：《美国巨头夹击澳门赌业帝国》，2006年9月7日星期四英国《金融时报》。

I 外国资本进入澳门博彩业的经济、社会后果

表1-2 2001~2006年各类博彩项目毛收入 *

单位：百万元澳门币 **

项目＼年	2001	2002	2003	2004	2005
幸运博彩	18109	21546	27849	40187	44725
赛　狗	94	76	74	84	67
赛　马	823	539	1003	1566	636
中式彩票	4	4	3	5	7
即发彩票	1.44	0.83	0.07	0.03	0.03
体彩足彩	486	622	496	429	323
体彩篮彩	24	54	50	35	43
总　额	19541	22843	29476	42306	45800

项目＼年季度	2006 第一季	第二季	第三季	第四季	总计
幸运博彩	12352	12660	13549	—	38561
赛　狗	18	17	14	—	49
赛　马	119	116	97	—	333
中式彩票	2	2	2	—	5
即发彩票	0.01	0.01	0.00	—	0.02
体彩足彩	71	94	93	—	258
体彩篮彩	27	11	8	—	46
总　额	12589	12900	13763	—	39252

* 数据来源：澳门特别行政区政府博彩监察协调局。

** 港币：澳门币＝1∶1。

澳门的经济亦因此受惠，本地生产总值由2002年的548亿澳门元升至2005年的近926亿（见表1-3）。博彩业务迅猛增长也带动了澳门经济总量攀升。数据显示，2004年澳门的本地生产总值（GDP）达107亿美元（折合829亿澳门元），增长率高达30.4%。在2005年英国《金融时报》集团旗下《外国直接投资》首次推出的"2005~2006年度亚洲最佳展望城市"评选中，澳门也因此获选"最具经济发展潜力城市"。

表1-3　1998~2005年澳门本地生产总值*

单位：1000 澳门元

年　份	本地生产总值(GDP)以当年价格计算	同比(%)
1998	49360446	(-7.3)
1999	47287433	(-4.2)
2000	48972396	(3.6)
2001	49704405	(1.5)
2002	54818745	(10.3)
2003	63566339	(16.0)
2004	82899311	(30.4)
2005	92590984	(11.7)
2006年第一季	25157227	(24.2)
2006年第二季	26885973	(22.6)

* 数据来源：澳门特别行政区政府。

1. 近年澳门博彩业繁荣的基础：大陆"自由行"，而非外资

表面上看，澳门自2002年开始GDP平均每年以超过17%的速度增长，在时间上跟开放赌权是重叠的，然而仔细分析发现，GDP增长的背后却是博彩业进账的增长。而博彩业这个行业赚钱的特点就是要靠"人气"，在博彩业做了40年的霍志钊先生讲："做这行的有句行话叫'不怕你精，不怕你呆，就怕你不来'。"可见"赌客"是赌场的命脉。同时他也坦言："这几年澳门博彩业的火爆全靠内地的'自由行'政策……以往这里（葡京赌场）人多的时候一张赌台要围三圈人，外面的人要挤进去下注，可是现在还有好多台子是空的。"尽管从统计数据上看，澳博的盈利是连创新高，然而在见过澳博历史的人眼里，往日赌场热闹而拥挤的气氛却不在了，原因很简单：现在赌场多了（赌场的数量在四年里翻了一倍，2002年是11间，到2006年10月份已经有23间了）。

察看历年来澳门旅游人次，在回归之前一直稳定在700万~

I 外国资本进入澳门博彩业的经济、社会后果

800万人次1年,其中内地游客从未超过100万,尽管每年仍然呈上升趋势。1999年澳门回归,当年内地游客数量比1998年翻了一番,达到160万人。2001年,来澳门旅游的游客首次突破1000万,而其中内地游客的数量也是历史最高,有300万人。2003年由于SARS的影响,中国香港、中国台湾以及东南亚地区来澳旅游的游客数量都有10%以上的大幅下降,然而内地由于"自由行"政策的施行,当年内地赴澳门旅游的游客数量非但没有减少,反倒比2002年同期增长了35.4%,达到570多万人。短短两年时间,2005年来澳门旅游的内地游客就已经超过1000万人次,这个数量是四年前(2001年)来澳门旅游的全部游客的数量。2006年预计来澳旅游的人数会超过2000万,其中60%以上的游客来自内地,其次是香港地区,预计会有600万人次(见表1-4)。

澳门人士普遍认为内地的"自由行"政策是内地送给港澳的一件礼物。2003年7月28日公安部开始在我国实行内地居民赴港澳地区个人游的政策,也就是港澳居民熟悉的港澳"自由行"政策(以下简称"自由行")。依照此政策,在开放港澳"自由行"的地区,居民只要凭自己的户口簿、身份证就可以向当地公安机关申请《港澳通行证》,凭此证件持证人可以以个人游的形式去我国香港、澳门两个特别行政区旅行。目前实行了"自由行"政策的城市数目增加至44个,总受惠人口达4亿人左右。[①]

---

① 港澳"自由行"开放时间表,2003年7月28日:东莞、佛山、中山、江门;2003年8月20日:广州、深圳、珠海、惠州;2003年9月1日:上海、北京;2004年1月1日:汕头、潮州、梅州、肇庆、清远、云浮;2004年5月1日:汕尾、茂名、湛江、阳江、韶关、揭阳、河源(至此全广东省开通);2004年7月1日:南京、苏州、无锡、杭州、宁波、台州、福州(限市区)、厦门、泉州;2005年3月1日:天津、重庆(限15个区县);2005年11月1日:成都、济南、大连、沈阳;2006年5月1日:南昌、长沙、南宁、海口、贵阳、昆明。

· 15 ·

表1-4　1991~2006年按居住地统计来澳旅游人次*

		总　　数		中国内地		中国香港	
		千人次	同期变动率	千人次	同期变动率	千人次	同期变动率
1991		7488.6	26.0	15.2	560.9	6161.4	28.3
1992		7699.2	2.8	26.7	75.7	6163.3	0.03
1993		7829.3	1.7	272.1	919.1	6067.8	-1.5
1994		7833.8	0.1	245.3	-9.8	6088.4	0.3
1995		7752.5	-1.0	543.2	121.4	5617.5	-7.7
1996		8151.1	5.1	604.2	11.4	5205.6	-7.3
1997		7000.4	-14.1	529.8	-12.6	4702.5	-15.5
1998		6948.5	-0.7	816.8	54.7	4721.8	7.3
1999		7443.9	7.1	1645.2	101.4	4229.8	-10.4
2000		9162.2	23.1	2274.7	38.3	4954.6	17.1
2001		10279.0	12.2	3005.7	32.1	5196.1	4.9
2002		11530.8	12.2	4240.4	41.1	5101.4	-1.8
2003		11887.9	3.1	5742.0	35.4	4623.2	-9.4
2004		16672.6	40.2	9529.7	66.0	5051.1	9.3
2005		18711.2	12.2	10463.0	9.8	5614.9	11.2
2006	第一季	5248.0	17.7	2977.8	19.8	1595.9	17.5
	第二季	5174.5	15.9	2847.7	13.7	1595.5	23.2
	第三季	5473.3	12.8	2886.7	8.9	1805.3	18.0

		中国台湾		东南亚	
		千人次	同期变动率	千人次	同期变动率
1991		161.9	105.2	203.5	8.8
1992		236.5	46.1	197.9	-2.8
1993		272.3	15.1	197.7	-0.1
1994		244.3	-10.3	200.1	1.2
1995		280.1	14.7	195.3	-2.4
1996		758.8	170.9	234.3	20.0
1997		908.9	19.5	176.0	-24.9
1998		816.6	-9.9	109.0	-38.1
1999		984.8	20.6	116.3	6.7
2000		1311.0	33.1	141.8	21.9
2001		1451.8	10.7	150.0	5.8
2002		1532.9	5.6	169.2	13.2
2003		1022.8	-33.3	146.5	-13.7
2004		1286.9	25.8	260.5	77.8
2005		1482.5	15.2	396.1	52.0
2006	第一季	329.0	-7.3	128.9	54.8
	第二季	355.2	-8.9	167.7	68.5
	第三季	389.0	-2.1	160.3	87.5

* 数据来源：澳门特别行政区统计暨普查局。
更新日期：2006年10月23日。

I 外国资本进入澳门博彩业的经济、社会后果

澳门一些人士认为当时"自由行"政策的施行是因为 SARS 事件对澳门的旅游业、零售业和博彩业造成严重打击,中央政府希望内地游客可以借此刺激消费,挽救澳门经济的颓势。当然香港对"自由行"的实施有着跟澳门不同的看法①,但是不管从哪一个角度理解,"自由行"这一政策的实施无疑是内地对港澳经济的一次有力推动,而且经过几年的实践看来,结果的确如此,也许比当初预想的还要好。

同样还有一组数据:来澳门旅游的旅客的人均消费(见表 1-5)。内地游客的人均消费(不包括博彩消费)自 1998 年以来都在 3000 澳门元上下,而同期来澳门旅游游客的平均消费只是在 1500 澳门元上下。与此同时,配合表 1-4 中内地旅客的数量来

表 1-5 1998~2006 年澳门按原居住地旅客人均消费*

(不包括博彩消费)

年份		总体		中国内地		中国香港		中国台湾	
		澳门元	同期变动率	澳门元	同期变动率	澳门元	同期变动率	澳门元	同期变动率
1998		1392	..	2796	..	884	..	980	..
1999		1373	-1.4	2661	-4.8	836	-5.4	866	-11.6
2000		1367	-0.4	2401	-9.8	934	11.7	942	8.8
2001		1389	1.6	2648	10.3	937	0.3	932	-1.1
2002		1454	4.7	2655	0.3	957	2.1	984	5.6
2003		1518	4.4	2847	7.2	947	-1.0	1266	28.7
2004		1633	7.5	2991	5.1	969	2.3	1310	3.5
2005		1523	-6.7	3078	2.9	898	-7.3	1336	2.0
2006	第一季	1562	4.8	3088	9.7	922	-1.2	1047	-7.2
	第二季	1468	10.0	2875	0.7	919	10.6	1174	15.9

* 数据来源:澳门特别行政区统计暨普查局。
更新日期:2006 年 8 月 17 日。
.. 不适用。

---

① 香港的传媒认为港澳个人游和 CEPA 均是中央政府为减低 2003 年 7 月 1 日的"七一游行"后市民因经济低迷而对香港政府特别是当时特首董建华的施政失误产生怨气的舒缓措施,希望借经济力量一方面帮助香港,一方面挽回政府的"民心"。

看，很容易得出一个结论：内地游客的光顾对澳门经济有巨大影响。

2. 博彩业赢利模式的改变：从贵宾厅到中场

除了博彩业外部环境的改变，博彩业自身也在发生巨大变化。以往澳娱专营的时代，赌场利润来源"中场"（即赌场大厅）与"贵宾厅"是"二八分"，也就是说对赌场利润的贡献方面中场占20%，而贵宾厅占到80%（当然这只是一个大概的说法而已，具体的比例应该有上下浮动）。在赌权开放的短短四年间，这个盈利模式已被修改。

中场与贵宾厅的盈利率不同，中场的盈利率远高于贵宾厅。

虽然以往澳门赌场收益的绝大部分来自贵宾厅的收入，但这一部分收益最后落入赌场公司手中的却不多，其中有42%~45%的收益被中间环节（赌厅承包人、叠码仔、宾馆、餐饮等）吸纳，赌场承批公司最终从赌厅获得收益的比例大约只占赌厅全部毛收入的10%左右，而赌场获利最多的反而来自中场收益，中场利润的50%最终归承批公司所有，是赌牌持有人获利最大的一块。

中场与贵宾厅的经营模式也是完全不同的，经营中场靠的是人气，而贵宾厅靠的是厅主的人脉关系，这就是贵宾厅与中场相比的好处所在了。对于赌场而言，贵宾厅比中场的收入要稳定。一般贵宾厅的经营做法是将贵宾厅承包给"厅主[①]"，由厅主每月向赌场老板交纳固定的租金，这样不管赌客多少，赌场的大老板总是旱涝保收的，而中场的收入会随着赌客的数量而变动。

2004年5月18日威尼斯人旗下的金沙赌场开业。开业当日，35000多人抢着挤进这座金碧辉煌的博彩宫殿。开业仅仅24小时，就抢去了澳门当大博彩营业收入总额的一成三；开业7个

[①] 2006年9月珠海破获的买凶自杀的案件的主角"猫姐"便是一个贵宾厅的厅主。

月后，这座耗资 2.65 亿美元和短短 20 个月建成的庞大豪华的赌场即收回了全部投资；开业一年多，金沙中场收益就占据整个澳门中场份额 70%。①

金沙作为外来者，不具备澳博在贵宾厅的人脉网络，只好从澳门博彩业的弱项——中场为突破口，结果是收获颇丰。如今其市场份额也持续扩大，以金沙娱乐场 2006 年第二季度的赢利情况为例，它并未受到澳门整体博彩收入增速放缓的影响，共收入 3.071 亿美元（约 24.56 亿澳门元），较 2005 年同期增长 52.7%，比 2006 年第一季度增长了 10.3%，市场份额也持续扩大，约占澳门 2006 年第二季度博彩业毛收入 129 亿澳门元的 19%。② 同时金沙毫不放松对已处于优势地位的中场的争夺，自 2005 年底至今，它先后将一楼大厅的一半、二楼自助餐厅的大部分，以及三楼的一部分改造成中场，又在金沙娱乐场后面扩建了 2430 平方米的营业厅。这个名为"百乐坊"的扩建部分设有 108 张赌台，它使金沙的赌台由原来的 438 张增至 740 张，老虎机由原先的 921 部增至 1000 多部。若以赌台数量计算，金沙娱乐场已是世界第一大赌场。如今，金沙中场所吸纳的市场份额，已由年初的 30% 上升到 50%。③ 据说金沙赌场平均每天的中场收益已高达 1200 万~1500 万澳门元，已占到"澳博" 12 家赌场中场收入的 70% 左右。当然，金沙这两年中场之所以有这么好的收益，也是因为它"生逢其时"，2004 年开业伊始就适逢内地

---

① 《澳门"金沙"娱乐场后来居上的启示》，《澳门月刊》2006 年第 5 期，总第 112 期。
② 曾坤：《澳门博彩业迎来"战国时代"》，载 2006 年 9 月 1 日第 23 版《环球时报》。
③ 顾安安：《美赌王入侵澳门 看"本地虎"如何面对"过江龙"》，2006 年 10 月 9 日《香港商报》。

"自由行"政策的全面施行，而金沙因为他新近建成，设备先进很快就成为大陆游客游澳门的必去景点之一。

从澳门博彩业目前的状况以及未来的趋势看，对中场的争夺势必是各大赌场竞争战略的一大重点。

同时赌博的方式也在改进，变得越来越简单了，基本上只有百家乐、老虎机、赌大小和21点。以往的轮盘由于开彩速度太慢，基本已被淘汰，而21点算起来比较费劲，在整个葡京只剩放置在一楼角落里的一张台子。目前最主要的赌式就是由何鸿燊30年前从欧洲引进的百家乐，百家乐被认为是最公平而文明的赌法，其实人们更喜欢的是它的"快"，只要庄家给玩家和自己各发两张牌，谁的总数越接近9谁就赢了，目前所有的贵宾厅全都是百家乐。由此看来，赌场中的赌博方式越来越往"赌"的方向考虑，而历史上赌博附加的娱乐性已经没有了，比如赌场里没有麻将。赌的只是运气，没有技巧。

3. 赌场仍是收入主要来源，多元经济尚未显现

澳门开放赌权的两个目的，一是引入竞争打破垄断，为博彩业注入新生活力；二是促使澳门经济向多元化发展，改变往日澳门博彩业一业独大的情形，使澳门朝向度假旅游、会展服务以及博彩共同壮大的方向发展，以便为澳门经济营造更多主动的发展机会，引入银河和威尼斯人的目的也在于此，希望借助他们在世界其他地方的经营帮助澳门经济的多元化发展。事实上，澳门政府希望美国"赌王"能带给澳门新的提升，也就是将赌城改造为全家旅游的娱乐城，而不仅是赌徒的天堂。

然而统计数据表明，在赌权放开的四年时间里，赌税占澳门政府公共财政的比例与赌权开放前相比并未显著下降（见表1-6），赌税仍然占到澳门公共财政的50%以上。

表1-6 赌场收入占当年本地生产总值的比例*

单位：百万澳门元

年　份	公共财政收入	批给赌博专营权之直接税	赌税占公共财政的比例(%)
2003	18370.6	10178.4	55.41
2004	23863.5	14740.0	61.77
2005	28200.8	16561.9	58.73

数据来源：澳门特别行政区财政局暨金融管理局。

此外，2002年赌权开放至今，澳门酒店的入住率只有3%~5%的上浮，这与同时期博彩业收入的剧增显然不成比例（见表1-7）。

表1-7 1991~2006澳门酒店入住率

单位：%

年　份		酒店入住率					
		总　体	五星级	四星级	三星级	二星级	公　寓
1991		69.73	80.72*	..	82.65	68.42	33.71
1992		61.84	67.79*	..	64.49	68.08	32.28
1993		57.02	57.28*	..	64.68	60.33	30.44
1994		55.57	58.36*	..	63.49	47.90	27.48
1995		57.03	63.47*	..	63.83	39.98	27.27
1996		60.76	68.65*	..	67.75	38.63	27.34
1997		50.22	52.09*	..	63.32	28.36	30.48
1998		51.28	55.01	53.84	61.97	28.54	29.52
1999		53.69	55.28	58.77	65.88	28.61	30.79
2000		57.57	61.65	59.68	68.24	32.52	34.59
2001		60.66	62.21	66.83	71.74	31.01	35.33
2002		67.13	66.87	73.92	79.88	35.61	38.07
2003		64.27	67.14	67.02	73.80	42.64	35.80
2004		75.55	76.66	79.71	86.26	58.53	41.61
2005		70.93	71.75	71.19	80.62	57.83	45.41
2006	第一季	70.60	68.10	74.10	78.64	56.36	46.18
	第二季	70.30	65.95	75.20	78.53	58.04	43.09

更新日期：2006年10月13日。

* 为五星级及四星级酒店之入住率。

.. 不适用。

因此，总的来看，赌权开放的这四年，尽管各个赌牌持有者均信誓旦旦地要在澳门为各国旅客提供一站式旅游、娱乐及休闲度假服务，但是他们在澳门首先做的是放置赌台和角子机。道理很简单，这只是服从资本的逻辑——资本总是往回报率最高的地方去。这些赌牌持有者能不能按时保质地提供一站式旅游、娱乐及休闲度假服务，目前看来是存在一些问题的。在度假旅游和会展的盈利率水平没有高过或者与赌场持平的前提下，仅仅依靠赌牌持有者自觉地朝向政府预定的方向发展可能是不太现实的，因为澳门历史上没有度假旅游和会展的基础，而这又是澳门未来的发展方向，想纯粹依靠市场的手段自我调节，其方向也许并不能依照政府预想的发展。因此，除了对没有按照协议提供相应的旅游、娱乐及消闲度假服务的赌牌持有者进行惩罚外，澳门政府还应对赌牌持有者的发展方向有合理的引导。

三　繁荣背后的隐患——博彩业快速膨胀后社会、经济问题

1. 行业内卷化：博彩业边际利润下降，博彩业能否可持续的发展？

澳门自2002年赌权开放到2006年的四年时间里，赌场、赌台的数量与博彩业的盈利额均与日俱增，赌场数量翻了一番，赌台数量增长了将近八倍（见表1-8），赌税收入也翻了一番。

四年当中，各项数字都保持增长的势头，然而却有一个指标是每年持续下降的，即每张赌台的盈利水平。2002年每张赌台（包括中场和贵宾厅的赌台）每年的盈利有6000多万澳门元，到2004年这个数字变成3680多万澳门元，2005年继续下滑到

表1-8　2002~2006年幸运博彩承批公司之
赌台、摇彩机及弹子机数目*

项目	2002**	2003**	2004**	2005**	2006** 第一季#	第二季#	第三季	第四季
赌台	339	424	1092	1388	1659	1953	2440	—
摇彩机	808	814	2254	3421	4073	4530	5165	—
弹子机	188	188	188	—				

* 数据来源：澳门特别行政区政府博彩监察协调局。

3200多万澳门元，而在2006年预计每张赌台的盈利会降到3000万澳门元以下，大概在2600万澳门元附近（具体见表1-9）。如此算来，四年里面每张赌台的盈利水平跌了一半。

表1-9　2002~2006年每张赌台盈利情况*

单位：百万澳门元

年份	2002**	2003**	2004**	2005**	2006 第一季#	第二季#	第三季	2006年全年
幸运博彩毛收入	21546	27849	40187	44725	12352	12660	13549	
赌台数量	339	424	1092	1388	1659	1953	2440	
每张赌台盈利	63.56	65.68	36.80	32.22	7.45	6.48	5.55	25.97*

* 数据来源：澳门特别行政区政府博彩监察协调局。
** 对2006年每张赌台盈利额的预算的计算方式：前三季度每张赌台盈利相加/3，结果为平均每个季度每张赌台的盈利，然后将结果×4变为全年的。这种计算方法的依据是根据前三季度的平均每张赌台盈利情况推算全年，与实际的肯定有出入，但应该可以说明问题。

这个持续下降的态势并不会就此打住，根据花旗银行的估计，澳门赌台数目的高峰期将会出现在2008年，届时赌台数目会升至6000多张。究竟澳门市场是否能够养活6000张赌台（还未包括角子机）是个值得担忧的问题。

实际上澳门博彩业面临的是一个边际①效益递减的问题，紧接着的问题便是澳门的博彩业以目前的发展状况能否可持续发展？简单分析，澳门博彩业能否可持续发展主要取决于能否有持续稳定而且源源不断的游客光顾，这跟博彩业这个行业的性质有关。澳门特区行政长官何厚铧也认为："特区政府来自博彩业的税收，有时候多一点少一点也不一定……还取决于邻近地区和亚太地区本身的经济发展状况。大家都看到，现在无论是邻近地区还是亚太地区，经济正一步步复苏，这对澳门是相当有利的。澳门的整体经济在很大程度上还要靠外围的经济，外围的经济营造好，消费力强，对我们就有利。"②他风趣地说，我们澳门人衷心地希望全世界的人口袋里的钱一天比一天多。

澳门目前还是一个地区（亚洲）性的博彩地，目前主要的游客来自内地，约占60%，其次是香港地区（约占30%），剩下10%基本也是亚洲地区（详见表1-4）。在澳门回归和内地放开"自由行"后内地游客从只有几十万一下增到上千万，而最近十几年香港游客的数量一直稳居600万上下。因此澳门博彩业是否能够以目前的速度可持续发展，取决于内地游客的数量是否能够一直保持并且增长下去，而这一点是谁都不能保证的：

第一，内地虽然有13亿人口，但是地区经济、城乡经济发

---

① 当我们讨论新增的一个或最后一个单位的利润时，我们所讨论的就是边际问题。边际分析的意义在于一个给定单位的商品或服务，无论这种商品是由个体消费还是由集体消费，随着单位数量的增加或减少，这种给定单位的商品或服务的成本与效益也在增加或减少。

② 《何厚铧谈澳门赌权开放》，中国新闻社新闻稿，2001年12月14日。

展水平不均衡是显然的事实，农村地区对于旅游的消费力是十分有限的，因此按照目前的城市化率计算城镇人口大概有5亿人，目前内地的"自由行"政策已经覆盖了4亿多人口，从这个角度讲政策上的弹性已经很小了。

第二，最近几年内地经济形势良好也是保证内地赴澳旅游的游客数量的一个前提，因此内地经济出现波动势必会影响到赴澳旅游的人数，届时对澳门经济的影响也是不可忽略的。

第三，这几年内地游客对澳门的光顾理论上讲大多都是初次赴澳（目前尚未找到确切的数据支持，但是理论推之大概如此），他们再次赴澳旅游的概率有多大很难说，不像香港虽然只是弹丸之地但是每年光顾澳门的游客都能够保持在600万上下。

同时，在考虑亚洲其他国家和地区近期似乎也有开赌的潮流，就连几百年来一直禁赌的新加坡也在酝酿开赌。2004年8月刚当上新加坡总理的李显龙在他的首次政策演说中说："新加坡过去反对开赌，但'这个世界变了'，新加坡要吸引更多游客，就应该考虑设立赌场。外面有数以百万计的游客，印度人很有钱，中国人也很有钱，每个到新加坡国的旅行团都会上去云顶（马来西亚）。澳门也开放赌权。新加坡必须重新考虑对赌场直接说'不'的立场。"①

新加坡开赌对澳门博彩业肯定会产生一些直接的影响，它会分散新加坡和东南亚其他地方到澳门的赌客，同时也会分流部分内地游客②。亚洲新闻网援引法新社报道说，2012年前，东亚将

---

① 《新加坡政府拟开赌场》，2004年8月25日，http://news.sohu.com/20040825/subject_news_news1。

② 曾忠禄：《新加坡开赌及其影响分析》，《澳门博彩》2005年4月第2期。

建造大约50个赌场，同时，区域的赌场收入也将增加两倍，从现在的134亿美元扩大到448亿美元①。与此同时，像朝鲜、蒙古、缅甸、尼泊尔、泰国、印度、韩国等受东方文化传统影响比较深的国家，近来也开始以赌船、边境赌博和专对游客的赌博等方式向开赌禁的方向小心地迈出第一步。而与澳门形成竞争之势的地区如柬埔寨、马来西亚、越南等国家，近几年博彩业发展都很迅速。

因此未来澳门博彩业的发展不得不考虑游客来源以及亚洲其他地区的赌场竞争者这两个因素。

2. 房地产价格猛涨，企业和生活成本增大

2002年赌权放开，在博彩业繁荣发展的同时也带动了澳门整个社会的连锁反应，最明显的例子就是房地产的价格和交易量都大幅度提高，仅从政府收取的交易印花税就可见一斑。2000年全年楼宇买卖成交45.5亿澳门元，这个数字在2005年底已经上升到170亿澳门元，同时成交量也从2000年的9000多套上升到2006年的2万套（见表1-10）。

在澳门房地产成交量和成交金额同时增长的时候，实际上每套单位的价格也在上涨。通过当年住宅成交金额除以当年住宅销售单位，得到平均每套住宅的成交价格。2000年每套住宅单位平均是50万澳门元，在之后的六年时间里每年都有不同程度的升幅，截至2006年第三季度每套住宅的价格是86万澳门元，上涨了将近70%（见表1-11）。但是这个计算方法仅仅是计算每套住宅的价格，并不是按照面积计算，其中一个可能出现的误差是在这几年住宅单位的面积也呈上升趋势。目前还有没有数

---

① http://www.casinolife.ca/www/explore/2005-11/671.html。

据显示澳门住宅的面积每年都在增长，同时在对澳门浦东民众的访谈中大家也是普遍感觉房产价格上升，并且是上升得太快了。

表 1-10　1991~2006 年澳门楼宇单位买卖数目及价格*

年 份		楼宇单位买卖数目					楼宇单位买卖价格（百万澳门元）				
		住宅	商业	写字楼	工业	其他	住宅	商业	写字楼	工业	其他
1991		8459	1402	...	232	488	1797	715	...	258	592
1992		9806	1866	...	660	1492	2873	1072	...	727	1947
1993		11255	1847	...	241	305	3428	1331	...	282	799
1994		11489	2180	...	296	295	4255	2015	...	260	489
1995		10461	3025	159	271	368	3503	2296	181	175	244
1996		9376	1291	358	256	174	4807	1406	451	259	309
1997		12754	972	235	284	59	5627	1147	385	261	90
1998		11357	830	380	203	6	4816	1088	542	156	4
1999		9857	781	246	136	19	4586	747	466	116	13
2000		9024	624	379	133	51	4559	534	492	133	41
2001		16139	2487	672	126	7592	9082	2914	755	92	1753
2002		10384	1877	976	180	3414	5069	1819	404	125	524
2003		10398	1817	1222	163	4956	5367	2187	615	116	695
2004		15608	2896	1169	399	7751	10530	3455	866	351	1085
2005		20588	2441	1665	320	8530	17133	3234	1560	336	1536
2006	第一季	3090	346	150	59	1158	2495	449	161	79	195
	第二季	3835	376	253	46	1084	2978	676	282	45	703
	第三季	3811	643	309	65	1196	3277	1044	478	62	391

* 数据来源：澳门特别行政区统计暨普查局。
1994 年及以前的商业单位买卖数目及价值是包括写字楼单位买卖数值。
自 2001 年 7 月起，楼宇单位买卖是按印花税统计的。
更新日期：2006 年 11 月 1 日。
... 未能提供。

表1-11　2000~2006年平均每单位住宅售价

单位：百万澳门元

年　份		住宅销售单位数	住宅买卖价格	每单位售价
2000		9024	4559	0.50
2001		16139	9082	0.56
2002		10384	5069	0.48
2003		10398	5367	0.51
2004		15608	10530	0.67
2005		20588	17133	0.83
2006	第一季	3090	2495	0.80
	第二季	3835	2978	0.77
	第三季	3811	3277	0.86

一个受访的荷官说："以往一个家庭有两个人在赌场工作，两年便可以买到一套房子，现在虽然赌场的工资高了，但是要买一套房子却需要更多的时间了，房价涨得太快了。"这从侧面也印证了房价的增长速度已经超过工资的增长了。

房价上涨的一个直接后果除了导致居民生活成本增长以外，还造成小的服务业经营成本上升。这些小的餐饮服务业主要的服务对象是当地居民，与他们的日常生活饮食联系密切。房屋价格上涨后带动了房屋的租赁价格也上涨，在访谈中，澳门居民反映："很多饮食店开不下去就关了，现在下午老人找地方喝茶都不好找，而且价钱都涨了。"

澳门房地产价格上涨的趋势被普遍认为还会持续，"高盛集团则在近日出台研究报告，认为三年内澳门楼价将上升50%。该报告指出，由于受博彩业及旅游业支持，以及投资移民的增加，澳门居民的负担能力提升、新楼盘落成量加大，将刺激居民自住及投资者需求上升，预期未来三年澳门楼价会上升50%。估计未来四年澳门新供应房屋约有1.7万套，轻微高于过去十年的住宅房屋市场供应。因为过去五年落成量缺乏，当新的优质项目推出后，传统上以"供应带动需求"的市况将会形成。而且当主要赌场、酒店集中开业时，相信楼价会反映新一轮升势"①。

澳门这几年内住宅房屋价格如此迅速的增长，并且如果在未来的几年里仍将持续以此速度增长，那么澳门房地产有效性需求的基础值得重新考量，澳门只是一个人口不足50万，面积不足30平方公里的狭小地带，能够承受短时间内房屋价格如此大的增长吗？

3. 博彩业吸引年轻人

澳门博彩业最近四年的快速发展为澳门提供了很多就业岗位，使澳门的失业率下降到历史最低点，各个新开的赌场都贴出招聘广告，高额的薪水使年轻人蜂拥而至，致使更多青少年辍学去做荷官（在赌场工作的发牌员），同时也跟其他行业甚至政府部门抢夺人才。

虽然赌博业是个偏门，并不被认为是好行业，历来澳门也有句俗语"好仔不入偏门"。但是在澳门做荷官这一行却一直是一份人人向往的好工作。一位中西创新学院负责培训新荷官的导师陈女士（她本人也是有25年经历的"老荷官"）讲她当年做荷官的经历，"当时（1978年）想赚多一点钱好培养下一代才转行做荷官。当时一个荷官的工资是一个老师的三倍，现在是一倍。1979年一个荷官的工资就超过10000块了，历史上最高的时候是2001~2002年，一个月会有17000块"。陈女士当时是个老

---

① 《澳门旅游地产硝烟再起 高盛预计短期内再升50%》, http://house.news.hexun.com/3116_1896570A.shtml。

师,说到她去考荷官,"全家人都非常支持我去考荷官,考取之后也是很荣耀的"。……"当时考荷官的竞争非常激烈,几百个人竞争一个岗位。"……"以前考荷官是很难的,现在要容易得多,并且现在培训荷官的条件也比以前好,有专门的培训场地,有专门的导师"。做荷官的条件也很简单:每个成年人在接受约三个月的培训后,就可以上岗了。以前他们在入"澳娱"前,必须到澳门司法部领取一张"良民证",以示无前科和不良记录。

另外,据业内人士介绍,博彩业急速扩张甚至到了人才短缺的地步,以致大量银行职员流入博彩业,2005 年银行员工的流失率就高达 15%~20%[①]。

四 简要结尾

面对澳门博彩业边际利润递减的状况,首要的问题便是当这个利润越摊越薄,薄到有一天大家都不能忍受的程度会出现怎么样的状况?

一个显而易见的答案是到时候会有赌场倒闭。谁倒闭谁能挺过来,取决于其背后的资本实力。当利润薄得低于成本的时候,也就是在亏本经营的时候,会有一些赌场亏到资不抵债而破产,谁的资本雄厚谁就能多支撑一段时间,最有钱的当然可以撑到最后。这样当倒闭了一些赌场,竞争就会减少,边际利润会重新增加,剩下的赌场会慢慢盈利。这个过程可能会比较漫长,因为大家谁都试图想尽一切办法能够撑到最后(当然不排除有在破产前就自动退出的,这就是下面说的第二种可能),而且这个过程

---

① 《三张赌牌全部一拆二》,《中国证券报》,2006 年 3 月 11 日。

Ⅰ 外国资本进入澳门博彩业的经济、社会后果

中最痛苦的莫过于普通民众,因为赌场倒闭便意味着工作岗位的减少。而谁能够撑到最后很好判断:看谁的资本更加雄厚,显然在这方面外资的赌场有优势。还有另一种可能就是当赌场边际利润继续下滑,众多赌场经营者会及早转向其他回报率更高的行业发展。

总而言之,市场也好、资本也好、企业也好,唯一的驱动就是赢利。它趋利的动机决定了它的行为。当大家把这个利润越摊越薄,摊到一个社会平均利润,然后大家就都干别的去了。这就是所谓的市场的自我调节。但是如果在澳门博彩业完全适用市场自我调节的法则,结果可能是痛苦的,到时候撑到最后的可能就剩下外资的赌场了,因为外资的资本实力大过其他。而澳门的博彩业即便是在今后多元化发展的时代也仍然在澳门的社会经济中占据重要地位,并且澳门是中国唯一一个合法赌博的地方,它的主要光顾客人是内地游客,因此澳门博彩业如果完全为外资掌控,后果是不堪设想的。设想主要经济被控制之后,政治要求随后便会提出,而经济上的事务也会被当作干涉澳门特区政府内部事务的借口。对于目前的态势,显然说明博彩业的竞争已经很激烈,澳门政府如果及早控制事态的发展,比如限制澳门赌台数目,或许能够减少靠完全的市场调节带来的社会阵痛。

从制度变迁的角度看美资进入澳门博彩业

罗振兴[*]

---

[*] 作者：罗振兴，中国社会科学院美国所助理研究员。

Ⅱ 从制度变迁的角度看美资进入澳门博彩业

2002 年，澳门特区政府开放了赌权，正式结束了博彩业专营制度。开放赌权，是希望引入竞争，优化澳门经济结构。按照特区政府制定的发展规划，澳门将坚持以博彩业、旅游业为龙头，以服务业为主体，其他行业协调发展的施政方针。为此，特区政府批出三份承批合约，在发放三张赌牌时，特别重视能给澳门带来旅游休闲娱乐业、会展业等发展机会的公司，并从 21 家竞标者中，最终选择澳娱子公司澳门博彩（简称澳博）、永利度假村（澳门）股份有限公司（简称永利）、银河娱乐场股份有限公司（简称银河）这三家。不久，特区政府又准许这三张赌牌可以各自拥有一张副牌，可以转批一次，从而变为六张赌牌。银河主副牌分别由银河和威尼斯人（澳门）股份有限公司（简称威尼斯人或金沙集团）拥有，澳博的副牌转让给美高梅金殿超濠股份有限公司（简称美高梅），永利副牌作价 9 亿美元转让给新濠博亚博彩澳门股份有限公司（简称新濠博亚）的合资公司。① 其中，永利牌照属于美国西岸赌王史蒂夫·永利旗下；威尼斯人牌照属于美国威尼斯人集团；加上美国美高梅集团在澳博副牌中占有 50% 的股份，这样，相当于美资拥有了 2.5 张赌牌。

截至 2007 年 7 月 31 日，永利和威尼斯人各开了一家赌场，

---

① 何鸿燊女儿何超琼与美国美高梅梦幻（MGM Mirage）各占"美高梅"50% 的股份；新濠博亚是何鸿燊儿子的新濠国际（0200. HK）与澳大利亚 PBL（Publishing and Broadcasting Limited）的合资公司。

占澳门赌场数目的比例为 7.69%。按照澳门政府与它们签订的合约或转批合约，在合约生效后的 7 年内，永利在澳门的投资将不少于 40 亿澳门元，威尼斯人在澳门的投资不少于 88 亿澳门元。博彩业的开放对澳门的经济、社会和政治的影响非常巨大，尤其是美资进入澳门博彩业，更是带来了前所未有的制度层面的挑战。本文将从制度变迁理论的角度分析美资进入博彩业的影响。未开放前的澳门博彩业与以拉斯维加斯为代表的美国博彩业在制度基础和经营方式等方面都有很大的不同，而且澳门属于微小经济体，大企业的进入或重大投资的注入都会对本地经济产生巨大的影响，同时，美资的后面以美国的国家实力作为后盾，澳门虽小，但作为"一国两制"的窗口、欧亚文明交汇点、中国和葡语国家之间的交流平台和宗教中心的地位，决定了它在中国内地及国际上具有不可忽视的影响力。因此，美资的进入不仅将改变澳门博彩业的竞争规则，而且，随着竞争的加剧和制度层面合作或冲突的展开，澳门在美中关系中的分量可能会逐步加重，美国和中国内地必将卷入澳门更深层次的制度变迁过程中去。

一　赌权开放前的澳门博彩业制度

以拉斯维加斯为代表的美国博彩业制度与开放前的澳门博彩业制度是两种差别非常大的制度，有学者把拉斯维加斯称为"市场自立型"赌城，把澳门称为"政策支撑型"赌城。所谓"政策支撑型"赌城，是指当地博彩业的生存和发展依靠的是有利的政策支持，包括所在地政府的赌博合法化政策和周边客源地的赌博非法化政策；而"市场自立型"赌城，是指一个博彩业的市场基础是靠自己的竞争力从其他竞争对手那里争来的。① 这两类赌城，有八个方面的不同，如表2-1所示。

表2-1 "政策支撑型"赌城与"市场自立型"赌城的比较*

	政策支撑型（澳门）	市场自立型（拉斯维加斯）
旅游与博彩的主次地位	博彩为主、旅游为辅	旅游为主、博彩为辅
经营重心	赌业为主	多元化
利润水平	高	相对低得多
产业规模	无需太大	须以大取胜
城市布局原则	见缝插针，现栽萝卜现找坑	要求合理、健全的城市规划与布局
博彩业就业政策目标	负有解决当地就业的任务	无需考虑就业使命
社会影响（对年轻人择业的影响）	易产生不良误导	相对轻微得多
发展前景	不确定	相对稳定可靠

* 资料来源：根据王五一《"政策支撑型"与"市场自立型"——两类赌城之比较》整理。

两种不同的赌城，其赌场的经营模式和监管政策也是不同的。从税率和市场进入成本的角度，可以把赌场的经营模式和监管政策分为四种类型：一是低税率、低进入成本，以拉斯维加斯为代表；二是高税率、高进入成本，以欧式赌场为代表；三是高税率、低进入成本，以澳门为代表；四是低税率，高进入成本，以美国的大西洋城为代表。② 它们的区别如表2-2所示。

---

① 王五一：《"政策支撑型"与"市场自立型"——两类赌城之比较》，《澳门理工学报》2005年第2期。
② 杨道匡、吕开颜：《博彩业监管政策的比较分析》，《澳门理工学报》2007年第2期。

表 2-2 美式赌场与澳门赌场的经营模式及监管政策比较

	美式赌场	澳门赌场
赌权及市场准入	开放/自由申请、符合条件即批	专营/公开竞标、合约存续期独家垄断
经营模式	高度市场化	分租赌厅制
游戏种类	老虎机、幸运博彩都有	以幸运博彩为主
收入来源	主要来自中场、散客、老虎机	主要来自贵宾厅、大户、幸运博彩
借贷	赌场提供借贷	赌场借贷违法,但实际违法行为很少遭到法律制裁
客户来源	全球各地	香港及周边地区
利润率	相对较低	高
税收	税率较低,低于10%	税率较高,30%~40%之间
公共服务和社会责任	政府不强制其提供	政府强制其提供
监管	合规监管、法律相对完善	内控为主、法律不完善

二者相较,在相同点方面,它们都建立在私有制为基础的资本主义制度上、都是由私人企业在经营、对当地的经济和社会影响都很大;不同点主要在于:

第一,从赌权和准入资格来看,澳门实行的是赌权专营制度,通过公开竞标获取赌权后在合同存续期内垄断赌场经营;而美国的赌权是开放的,可自由申请,符合条件政府即发放经营许可。在澳门,自 1930 年正式颁布法令实行博彩专营制度以来,先后只有豪兴公司、泰兴娱乐总公司和澳门旅游娱乐公司这三家公司获得过赌场专营权,尤其是澳娱公司,自 1961 年获得专营权之后,通过多次续约及修订专营合约,一直垄断赌场经营权到 2002 年 12 月 31 日,即独家垄断经营赌场长达 40 多年。[①]

第二,从赌场的经营模式及特征来看,澳门实行的是分租赌

---

① 钟坚、朱敏:《澳门博彩业发展的历史考察与成效分析》,《深圳大学学报》(人文社会科学版) 2005 年 7 月第 4 期。

厅制，游戏种类以幸运博彩为主，赌场收入主要来自贵宾厅，幸运博彩对赌场收入贡献最大，客源主要来自香港及周边地区；赌场借贷违法，但实际违法行为很少遭到法律制裁；员工流动率低，接近终身雇佣制；赌场的利润率高。在美国，赌场的经营是高度市场化的，通过大量广告、各种促销活动和中介吸引客户，游戏种类包括老虎机和幸运博彩等，赌场收入主要来自中场，老虎机对赌场收入贡献最大，客源来自世界各地；赌场借贷合法；员工流动率高，一般由外部培训；赌场的利润率相对较低。

第三，从税收和企业负担来看，澳门的税率较高，一般在35%左右，还必须提供公共服务和承担相应的社会责任，比如修建基础设施，向公共房屋、公共医疗等社会福利事业提供资金，向政府工程、公用事业公司注资，资助文化艺术活动，兴办教育事业等；在美国，税率很低，一般低于10%，无须提供公共服务和承担相应的社会责任。

第四，从法规完善程度和政府监管来看，澳门相关法律不很完善，以政府的外部监督为辅，而以专营赌场公司的内部监控为主，而美国的相关法律则比较完善，以政府的合规监管为主。

这两种制度下的博彩公司，制度环境不同，面临的成本或产生的收益也不同，必然有不同的企业行为，长期的沉淀则会形成一种习惯或文化，最终会影响企业竞争力。在美国的博彩制度下，由于赌权开放和可以自由进入，博彩企业面临激烈的竞争压力，长期竞争的结果：一方面使生存下来的企业具有更强的竞争力，包括削减成本和不断进行创新或购并做强等的能力；另一方面降低了博彩业的利润率，迫使博彩企业朝两个可能的方向发展，要么是多元化、国际化，发展成为抵抗竞争风险或靠大取胜的企业，要么是更精细化、专业化，发展成为在细分市场上靠差异化策略生存的企业。而在澳门的博彩制度下，由于很长一段时间内不存在较大的竞争压力，博彩的利润丰厚，博彩企业缺乏动力去主动适应市场的变化和创新，通常只会适当增加赌场数量，加上要提供一些公共服务和承担相应的社会责任，使政府与企业之间形成了紧密的相互依赖关系，更使得这些企业可能会形成靠政策、靠关系、靠复制来扩大规模的企业文化，而很少会给博彩业本身带来巨大的变化。在澳门的博彩制度下，除了专营合约快到期之时内部存在竞争之外，获取赌场专营权之后内部是不存在竞争压力的，因此，面临的竞争压力主要不是来自内部，而是来自周边国家或地区的赌博合法化。而且实行专营制度，客观上不能使赌场专营权的合法期限过短，过短则不易刺激获得专营权的博彩企业进行长期投资，但过长则又容易使正在经营的博彩企业在下一轮竞标过程中获得先行优势，形成事实上的进入壁垒，从而可能长期垄断下去，使竞标流于形式。

和美式赌场相比，澳门赌场独特的中介经营制度值得强调，因为澳门博彩收入的大部分是通过博彩中介人而创造出来的。澳门博彩中介人制度主要由泥码制、叠码制、赌厅承包制和赌团制四个要素组成，每一个要素都可以单独存在，并非缺一不可，其中，最具澳门特色的是赌厅承包制，它是澳门所特有的一种博彩营销制度，赌厅承包制、叠码制和泥码制这三个制度都是澳门发明的。[①] 泥码制是一种赌场管理制度，当它和叠码制与赌厅承包制结合起来时，就演变为一种促销制度，成为博彩中介人制度中的一个要素。"泥码"（junkets chips）又称"死码"（dead chips），

[①] 王五一：《澳门的博彩中介人制度》，第二届"博彩产业与公益事业"国际学术研讨会会议资料，2005年12月8~10日，中国海南三亚。

是一种只能用来下注而不能用来兑换现金的赌台筹码。与泥码相对应的便是"现金码"（regular chips），即一般赌客所使用的筹码，既可用来下注又可按面值换回现钱。泥码通常是"一厅一码"，目的是防止赌厅的码佣支出外流，由于流动性不同，泥码比现金码便宜，它们之间的差价，就是"码佣"或"码粮"。泥码和码佣，是保证赌客将换得的筹码用于赌博下注，是赌场用来进行拉客促销的手段。叠码制是一种赌客服务系统，为赌客提供导游、交通、住宿、换码等服务，目的是为赌场拉客促销，是现行澳门中介人制度中资格最老的制度要素。叠码仔是叠码制中的主角，是这个服务系统的服务提供者，是通过为赌场拉客而赚取码佣的自由职业者。叠码仔为赌场拉客，赌场付给叠码仔（进客）报酬。泥码制度产生后，报酬以码佣的形式支付；赌厅承包制产生后，码佣的支付方式又进一步复杂化。

赌场承包制，又被称为分租赌厅制，是一种博彩经营体制的合约安排，即一种代替赌场直接管理的特殊的贵宾厅管理制度。赌厅承包制包含两个层次的关系，一是博彩公司与赌厅承包人的关系，二是赌厅承包人与叠码仔的关系。博彩公司与赌厅承包人间的合约通常包括如下基本内容：（1）转码承包，即合约规定，一个赌厅承包人在一定时间内（如一个月）必须完成一定量的泥码转码额；超额部分则按一定标准由赌场给赌厅承包人发奖金；（2）码佣，即赌场按月对一间赌厅所完成的转码额支付给赌厅承包人的报酬，码佣这个收入实际上只是赌厅承包人代收，其中还包括必须支付给叠码仔的相关费用；（3）食宿津贴，即博彩公司按一定的转码数量支付给赌厅承包人的赌客食宿津贴；（4）收入分成，即赌厅承包人和赌场对赌厅的收入按一定比例进行分配，通常赌客赢的是博彩公司的钱，与赌厅无涉，但博彩公司赢钱后要与赌厅分成。在这一制度下,博彩公司负责提供荷官及赌台运作,而赌厅承包人主要负责管理叠码仔,即负责通过叠码仔拉客并保证每月一定量的泥码额;(5)信贷额度,澳门的贵宾厅经营,是以信贷为基础的,不过,赌客收到的博彩信贷并不是现金,而是泥码。赌客是通过三级信贷链条而得到泥码的:赌场——赌厅,赌厅——叠码仔,叠码仔——赌客,即博彩公司借给赌厅承包人的泥码,再由其借给叠码仔,最后再由叠码仔贷给赌客。这一信贷源头是博彩公司供应的泥码,其额度大小,不仅是博彩公司促销的重要经济杠杆,也对一个赌厅的经营规模有着重要影响,因而是赌厅承包制中的重要条款;(6)承包押金,它是博彩公司为了规避信贷的终极风险而制定的条款,要求赌厅承包人必须预先向博彩公司缴纳一定数额的押金,数额从几千万到上亿澳门元不等。赌厅承包人与叠码仔之间没有书面合约,合作关系靠的是信用,主要包括以下几个要素:一是赌厅向叠码仔支付码佣;二是赌厅向叠码仔提供信贷额度;三是叠码仔有义务对赌厅保持忠诚。叠码仔与赌客的关系则主要涉及以下几个方面:第一,叠码仔是博彩公司、赌厅承包人和赌客之间的中介,是整个中介链条上最核心的环节,主要负责寻找、物色客户,进而与客户建立关系,并最终将其发展成为真正的赌客;第二,提供食宿和导游服务;第三,向赌客放贷,即负责评估赌客,做出信贷决策,给赌客放贷;第四,叠码,即用自己手中的泥码换取赌客手中的现金码,鼓励赌客继续赌下去,自己从中获取码佣;第五,收债,澳门博彩业的经营体制实际采取的是先赌博后算账的信用赌博制度,要真正实现收入,离不开讨债这个最后环节。讨债不仅是叠码仔交易中最重要的一环,也是整个澳门博彩业经营中最重要的一环。如果追债这一环节出了问题,赌债收不上来，则整个博彩业经营系统，从叠码仔到赌厅到博彩公司，都会蒙受损失。尽管风险是由博彩公司、赌厅承包人和叠码仔共同承担的，但要债的责任却在叠码仔，叠码仔往往要在客源地发展或雇佣自己的讨债代理人（驳客）。

赌团制不同于赌厅承包制和叠码制，是源于美国，并在1975年传入澳门的一种博彩中介人制度。所谓赌团，是由一群异地赌客组成的、一般由团头（junket representative）组织和带领的、专程到某地某赌场从事博彩活动的旅行团。团头的功能兼有叠码仔与赌厅承包人的色彩。赌团团主与博彩公司的关系是极为简单的"你拉来客，我给你码佣"的关系，拿的码佣率高于一般叠码仔；赌团的团头与其团客的关系没有叠码仔与其顾客间的关系那么密切，因此，赌团客中的信贷关系也不像赌厅承包制中那样复杂，只是在团客入场博彩时，团头就开始充当起叠码仔的角色。赌团制是国际博彩业普遍流行的一种博彩业促销制度，但经营体制不尽相同。一些国家的博彩公司不是用码佣的方式，而是按人头或其他标准，给团头支付报酬。[①]

二 赌权开放、美资进入与澳门博彩业制度的变革

（一）赌权开放与澳门博彩业制度的变革

制度变迁理论认为，当制度不均衡时，即制度供给和制度需

---

① 王五一：《澳门的博彩中介人制度》，第二届"博彩产业与公益事业"国际学术研讨会会议资料，2005年12月8~10日，中国海南三亚。

求不匹配时，制度就可能发生变迁。在现有的制度结构下，或是因为外部环境发生变化（如技术变迁、气候变化、自然灾害等）或外部因素的影响，或是制度环境发生变化、人们偏好或习惯发生变化等因素的影响，①使外部性、规模经济、风险和交易费用等发生变化时，就会引起潜在收入的增减，如果这种潜在收入不能内部化时，如果预期的收益超过预期的成本，则可能会出现一种新的制度安排以获取这些潜在收入，即各种不同的制度安排的选择是由与各种选择相联系的成本收益所决定的。这表明，当制度的潜在成本—收益比已经发生变化，制度变迁有利可图，一些经济主体可能就会发现并开始利用这一机会去捕捉这一收益，制度变迁的进程就会开启。制度变迁通常有以下五个要素：（1）制度环境，指一系列决定生产、交换和分配基础的最基本的政治、社会与法律规则；（2）制度安排，指支配经济单位之间可能合作与竞争的方式的一种安排；（3）初级行动团体，指支配某一制度安排创新进程的决策单位；（4）次级行动团体，指帮助初级行动团体推进某一制度安排以获取收入的一个决策单位；（5）制度装置，指行动团体为了获取现有制度安排结构以外的收入而利用的条文和手段。一般而言，制度环境是很难一下子改变的，当制度安排创新有利可图时，往往首先是由初级行动团体率先采取行动进行制度安排的创新，该创新可能进一步改变了其他相关制度安排的成本—收益比，从而一些次级行动主体也

---

① 引起制度不均衡的原因主要有四种：（1）制度选择集合改变。主要的影响因素有自然科学和社会科学的进步，制度安排的扩散、移植和交流以及政府政策；（2）技术改变。技术不仅决定了社会制度结构，而且影响了生产效率和交易效率，可增加收入或降低费用等；（3）制度服务的需求改变，如要素和产品相对价格的长期变动；（4）其他制度安排的改变。

Ⅱ 从制度变迁的角度看美资进入澳门博彩业

会跟上,继续进行制度创新,这一系列的制度安排创新最后也有可能引起根本制度的改变,即制度环境发生根本性变化。

制度变迁既可由制度需求所引致,又可能是制度供给变化的结果。制度变迁的需求因素包括要素价格的相对变化、技术变迁带来的新的收入流以及通过集体行动重新界定产权对收入流的分割等。制度变迁的供给因素包括社会科学知识和有关的商业、计划、法律和社会服务专业的知识积累和进步,它们的进步降低了制度发展的成本。在回应由制度不均衡引致的获利机会时,普通经济主体所进行的自发性变迁被称为诱致性制度变迁,而由掌握公共权力和一定公共资源的政府以国家的强制力为基础,通过颁布政府法令而引起的变迁被称为强制性制度变迁。

从制度变迁的角度看,赌权开放和澳门博彩业制度变革是有其必然性的,因为赌权开放前的澳门博彩业制度明显出现了不均衡状态,变革博彩业制度的潜在收益远远超过其成本。澳门回归前后,博彩业制度已经呈现不均衡状态。

一是博彩业的制度环境已发生变化。澳门回归后,最基本的制度不再是葡萄牙统治下的殖民地法制,而是实行"一国两制",按照《基本法》,由"澳人治澳",政权和政府都发生质的改变,这意味着支配澳门博彩业最基本的政治、经济和社会规则发生变化;二是博彩业的外部环境也发生了变化,回归前后的政治、经济和社会形势都很严峻。政治方面,由于长期以来葡人治澳,澳葡政府很少利用或培养澳门本地官员,导致澳门本地政府管理人员稀缺;经济方面,受经济衰退和东南亚金融危机的影响,澳门博彩业遭到了重大打击;而周边很多国家纷纷将赌博合法化,各种赌场如雨后春笋般纷纷设立,分流了澳门的赌客来源,严重威胁到了澳门博彩业的进一步发展;与澳门博彩业长期垄断专营和独特的中介制度紧密相关的黄、毒泛滥,黑社会活动猖獗,社会治安环境恶化;以美资为代表的放松对博彩业的管制,强化竞争的潮流也逐步成为共识。这表明,制度创新的潜在收益越来越大,制度变迁的需求日益强劲。而同时,制度创新的成本也相对降低,首先是2001年,澳娱与澳葡政府签订的赌场专营权到期,改革的制度性阻力大大降低;其次,美国拉斯维加斯的博彩业发展的经验和相对完善的制度大大降低了制度学习的成本;三是政府和政权的变化大大降低了创新的阻力,原来的既得利益集团联盟的基础已经瓦解;四是外部环境的恶化大大增强了改革博彩业的共识,制度创新的阻力大大削弱。尽管制度已经呈现出非均衡的特点,但制度变迁要真正启动,还必须有经济主体意识到可能的变化,抓住机会,投入相应的资源,主动采取行动去获取潜在收益,即潜在收益可能最大的初级行动主体首先采取行动。

回归前后,澳门的中心问题是如何处理经济衰退问题。如图2-1和表2-3所示,在回归前后,GDP名义增长率在1992年达到31.70%高点后一路下降,1998年和1999年为负增长(分别达到了-7.30%和-4.20%);来澳旅客人次数变动率在

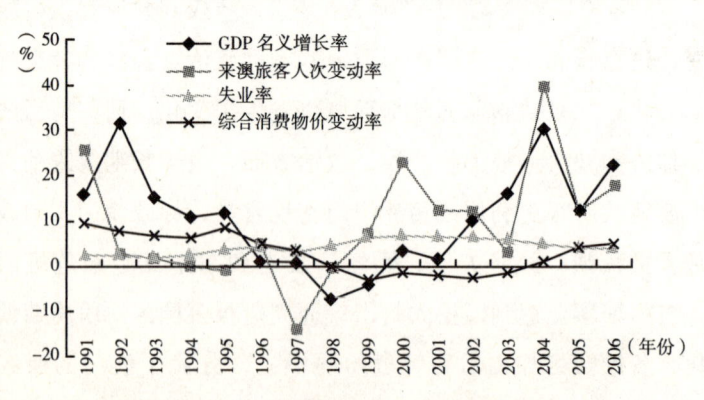

图2-1 1991~2006年澳门主要经济指标变动率

1992～1996年间变化不大，在1997年和1998年连续两年呈现负增长，失业率则从1991年始一直攀升，直到2000年的6.8%；物价则在1998～2003年间呈明显的通货紧缩特征，连续几年负增长。

表2-3 1991～2006年澳门主要经济指标变动率

年份	本地生产总值（2002年不变价格）（百万澳门元）	GDP名义增长率（%）	人均本地生产总值（当年价格）（千澳门元）	来澳旅客人次总数（千人次）	来澳旅客人次同期变动率（%）	失业率（%）	综合消费物价指数变动率（%）
1991		15.60	78.9	7488.6	26.00	2.50	9.57
1992		31.70	98.5	7699.2	2.80	2.20	7.71
1993		15.20	109.6	7829.3	1.70	2.10	6.70
1994		11.00	117.7	7833.8	0.10	2.50	6.25
1995		11.90	127.7	7752.5	-1.00	3.60	8.56
1996		1.00	127.2	8151.1	5.10	4.30	4.82
1997		0.80	127.6	7000.4	-14.10	3.20	3.49
1998	46862	-7.30	116.9	6948.5	-0.70	4.60	0.00
1999	45757	-4.20	110.6	7443.9	7.10	6.30	-3.20
2000	48386	3.60	113.7	9162.2	23.10	6.80	-1.61
2001	49784	1.50	114.5	10279	12.20	6.40	-1.99
2002	54819	10.30	125.1	11530.8	12.20	6.30	-2.64
2003	62584	16.00	142.8	11887.9	3.10	6.00	-1.56
2004	80349	30.50	181.6	16672.6	40.20	4.90	0.98
2005	85886	12.00	195.2	18711.2	12.20	4.10	4.40
2006	100150	23.00	227.5	21998.1	17.60	3.80	5.15

毫无疑问，澳门特区政府是博彩业制度变迁潜在收益最大的行动主体，不仅因为政府是公共权力和资源的掌控者，可以实施强制性制度变迁，投入最小，行动成本最低，而且因为特区政府可以获取博彩业制度变迁带来的巨大的财税收入增加，以及潜在

社会收益。澳门特区政府意识到了这一点,早在 2000 年初就提出了开放赌权的设想。澳门博彩委员会聘请香港安达信公司作为澳门博彩业未来发展方向和政策的顾问公司,开始研究赌权开放的问题,该委员会完成草拟《娱乐场幸运博彩经营法律制度》。2001 年 8 月澳门特区立法会通过《娱乐场幸运博彩经营法律制度》(简称《博彩法》),对特区政府发给赌牌的数量、赌约的期限、博彩中介人的规范、防止垄断等都做了新的规定;10 月,澳门政府批准司法警察局设置博彩罪案调查处,同年还颁布了第 6/2002 号行政法规——《订定从事娱乐场幸运博彩中介业务的资格及规则》,对澳门博彩业中介制度进行了重大变革。2002 年正式改变了赌博专营制度,进行赌权开放,对三张赌牌进行公开招标。2003 年 11 月,澳门特区政府颁布《博彩监察协调局的组织及运作》;2004 年 5 月澳门立法会通过《娱乐场博彩或投注信贷法律制度》(以下简称《博彩信贷法》),该法律已于 2004 年 7 月 1 日正式生效,允许赌场向赌客贷款,也就是实行了所谓的"拉斯维加斯法则",是澳门博彩业制度的重大改革。[①]

从目前的发展情况来看,特区政府、澳门市民和博彩企业的劳工无疑是赌权开放这场制度变革最大的赢家。[②] 博彩业取得惊人的发展,幸运博彩的毛收入从 2002 年的 221.8 亿澳门元增长到了 2006 年的 566.23 亿澳门元,增长了 155.29%,年均增长速度达到了 38.82%,2006 年澳门博彩业的毛收入已经超过了拉斯维加斯,成为世界第一赌城;而以 2002 年的不变价格计算,澳

[①] 澳门博彩业制度变迁是全方位的,包括各类赌博,如赛马、赛狗、彩票、互联网赌博等,我们这里集中关注的是幸运博彩制度的变革。

[②] 叠码仔也是重要的受益人。参见王五一《论筹码竞争》,《澳门理工学报》2005 年第 3 期。

门的 GDP 也从 2002 年的 548.19 亿澳门元增长到了 2006 年的 1001.5 亿澳门元，增长了 82.69%，年均增长速度达到了 20.67%；以当年价格计算，人均 GDP 从 2002 年的 12510 澳门元增长到 2006 年的 22750 澳门元（折合 28436 美元），增长了 87.24%，年均增长达到了 21.81%；来澳旅客人次总数从 2002 年的 1153 万次上升到了 2006 年的近 2200 万人次，增长了 90.8%。

（二）美资进入、竞争与博彩业制度变迁

自 2002 年引入美资之后，澳门博彩业的竞争格局已经初步形成。这就是以澳博为代表的澳门本地博彩企业与以美资为代表的非本地企业之间的竞争。

首先是幸运博彩业的竞争加剧，主要表现在属于不同公司的赌场数量大大增加，各公司拥有的赌台和摇彩机数量增长迅猛，各家公司正在抢占博彩业的市场份额。截至 2007 年 6 月，澳门的幸运博彩娱乐场数目已达到了 26 家，其中澳博拥有 18 家，所占比例为 69%；银河 5 家，所占比例为 19%；威尼斯人、永利和新濠各 1 家，比例各为 4%；其中，自 2002 年以来新开数目为 15 家（澳博和银河分别为 7 家和 5 家，所占比例分别为 46.67% 和 33.33%，而威尼斯人、永利和新濠各 1 家，所占比例各为 6.67%），增长了 136.36%。从赌台数量来看，2002 年为 339 张，2006 年为 2762 张，2007 年 6 月则达到了 3102 张，数量增长了 2763 张，增长了八倍多。其中，美资拥有 1013 张，占总数的比例为 32.66%，预计到 2007 年底，美资拥有的数量将达到 1963 张，接近翻番。从摇彩机数量来看，从 2002 年的 808 台增长到 2006 年的 6546 台，增长了七倍多，到 2007 年第二

季度增长到 8234 台，其中美资拥有的数量达到了 1859 台，所占比例为 22.58%，而预计到 2007 年底，则将达到 6662 台，增长三倍多。从幸运博彩毛收入来看，美资所占比例已从 2002 年的 7.52% 上升到了 23.6%，而澳博所占比例则从 2002 年的 100% 下降到了 2006 年的 62.2%，从中可以看出，澳博的垄断地位正被动摇，尽管所占市场份额仍然占绝对优势，但这种优势地位正在遭到蚕食。

其次，竞争并不纯粹体现在博彩业，而是扩展到了会展业、旅游休闲业等。随着博彩业竞争的加剧，博彩业的平均利润将大幅下降已是不争的事实。目前，澳门每张赌台的日均毛收入已从 2002 年的 15.4 万澳门元下降到 2006 年的 4.8 万元，降幅将近 68.81%；从博彩公司的销售净利率来看，澳博已从 2002 年的 9.85% 下降到了 2006 年的 6.59%；[1] 2001 年拉斯维加斯每张赌台日均毛收入仅 1.6 万港元，而美高梅集团（MGM Mirage）2001 年营业额虽然高达 343 亿港元，但纯利仅为 13.3 亿港元，销售净利率只有 3.9%，与拉斯维加斯相比，澳门博彩业的利润率仍然是很高的，有很大的下降空间。预计澳门赌台数量在 2010 年前仍将激增，届时博彩业净利润势必将进一步下降，这将吸引资金投入到与博彩业紧密相关的会展和旅游休闲业。博彩公司能否生存和发展壮大，在一定程度上也将取决于在相关产业的发展。目前来看，以威尼斯人和永利为代表的美资，显然在扩展其他收入来源方面更具竞争力。2006 年，澳博的其他收入仅为 1.32 亿澳门元，而威尼斯人和永利分别为 3.8 亿和 2.3 亿澳

---

[1] 2002 年澳博的其他收入仅为 1000 万澳门元，占总收入的比例都非常小，可以忽略不计；2006 年其他收入为 1.32 亿澳门元，但转批供给合同收入较高，为 1.82 亿澳门元，由于是一次性收入，故没有算进去。

门元,远远超过了澳博。

第三,竞争也不仅仅局限在澳门,而是扩展到了与澳门紧密相连的珠海以及周边国家和地区。美资已在亚太其他地区开设赌场,如越南;而澳博也将在新加坡、马来西亚等地开设赌场;威尼斯和澳博都想把会展业等扩展到珠海。在全球化的形势下,在亚太周边国家和地区开设赌场的经营好坏,将直接影响到澳门的竞争。由于周边赌场不可避免地会分流到澳门的赌客,如果在周边赌场经营得好,将大大增强在澳门的竞争实力;如果经营得差,则会拖累澳门的竞争实力。而向珠海的扩展,从长远来看,则将掌握博彩业竞争的制高点,由于澳门地小,许多资源的价格都要远远高于珠海,例如宾馆价格就要远远高于珠海,土地价格也将会高于珠海,这对于发展会展业来讲,澳门就没有竞争优势;而美资在珠海的发展,将有利于大大降低其将博彩、会展、休闲娱乐一体化的成本,大大增强竞争力。

第四,竞争也不仅仅局限在资金、人才、技术和资源等方面,而是扩展到了争夺规则制定权或发言权方面;也不仅仅局限在企业之间的竞争,而是扩展到了企业推动的政府间的竞争。澳门博彩业的快速发展,使得专业人才稀缺的瓶颈日益突出,而竞争的加剧,尤其是博彩、会展、休闲娱乐一体化的发展,使得资本的重要性日益突出,资本越雄厚的公司在竞争中取胜的可能性越大。博彩业的创新能力等在竞争中的作用也越来越大,而澳门资源,尤其是土地资源的稀缺,也使得掌握这类资源的公司在竞争中取胜的可能性越来越大。尤为重要的是,美资的进入,使得企业推动的政府间相互博弈的可能性大大增加。美国自建国以来,政府就积极主张"门户开放、利益均沾"等经济外交,二战后，更是积极推动所谓的"自由贸易"政策。在20世纪80年代以后，则推出所谓的"公平自由"政策，积极维护本国企业的利益。美国人企业走到哪里，美国政府的声音就跟到哪里。澳门自然也不例外，作为美国博彩业在海外扩张的重要基地，利用各种政治、外交和可能的军事手段，维护美资在澳门的利益，将成为美国政府的一个重点目标。澳门作为"一国两制"的窗口，对于中国内地也有重要的意义；澳门本土企业的生存和发展，也将关系到澳门的长期稳定和发展，自然特区政府也不能掉以轻心。因此，在这种情况下，企业间的竞争必然发展成为政府间的博弈。美国政府、中国中央政府和澳门特区政府之间如何协调将成为未来竞争的一个焦点。

美资进入澳门博彩业，极大地改变了博彩业的制度环境，并作为制度变迁的次级行为主体，在推动制度变迁的方面发挥着重要作用。竞争的加剧，使得变革博彩业的制度对美资而言，尤为重要，因为美资习惯的制度环境与澳博等竞争对手习惯的制度环境是不一样的。美资所习惯的是拉斯维加斯的博彩制度环境，换言之，是以高度自由、允许赌场借贷、对中介人严格管理和注重中场的制度环境；而澳门长期依赖的制度环境则是高度垄断、私下借贷、赌厅承包制、叠码制、泥码制为特征的制度环境。对美资而言，要将博彩业、会展业和休闲娱乐业等集为一体来发展，要在竞争中取胜，把拉斯维加斯的模式引入澳门，实际上就必须对澳门的制度环境加以一定程度的改造。但这两种制度之间是存在一定的矛盾和冲突的。澳博作为制度变迁的次级行为主体，显然在维护传统的博彩制度方面有着极强的动力。因此，双方作为两种制度变迁的次级主体，很显然将在制度层面展开竞争。

Ⅱ 从制度变迁的角度看美资进入澳门博彩业

制度层面的竞争早已展开。美资首先是要求澳门特区政府修改博彩业相关的法规，希望以自己所熟悉的法规，即拉斯维加斯的法规，为模板来修改。

首当其冲的就是赌场的借贷行为合不合法的问题。澳门原来的法律规定赌场借贷为犯罪行为，不过未严加执行。对于美资而言，它们习惯依法经营，希望在制度比较稳定、可靠和有效率的情况下经营，在法律有明文规定的情况下是不太敢直接触犯法律的，因此，对"放数"（高利贷）、"叠码"等赌场借贷行为不加制裁的做法，加上澳门长期以来人情大于法律和灰色地带众多的现实，实际上可能使新来乍到的美资在竞争中处于劣势。所以，永利公司在得到赌牌后，立即要求明确立法规定赌场借贷合法化，并以此为迟迟不进行投资的理由之一。2004年7月1日，《博彩信贷法》已生效并实施，为了配合该法的实施，《民法典》第1171条和第8/96/M号法律《不法赌博》第13条规定也已进行了扩张性解释和修改，将以往澳门的赌场债务由自然债务改变为法定债务，博彩公司、博彩中介人依法从事的博彩信贷业务不再视为高利贷，而且可以在澳门境内或其他与澳门签订司法协议并承认赌债的国家和地区通过司法途径进行追讨。[①] 新法的核心，一方面是满足了美资等的要求，使澳门原来没有的"赌场借贷"受到法律保护；另一方面也照顾了澳门的历史，使中介人借贷合法化了。

其次，就是博彩中介制度。在拉斯维加斯，以博彩、会展和休闲娱乐一体化为特征，职业赌徒或豪赌客罕见，其博彩中介的

[①] 郑伟聪：《"一国两制"环境下的赌债追讨问题》，第一届"博彩产业与公益事业"国际学术研讨会论文集，2004年12月6~10日，北京—澳门。

职能定位与澳门传统的博彩中介是不同的。美国的博彩中介强调的是以服务中场为主，而不像澳门以服务贵宾厅为主；美国博彩中介的职能相对比较单一，而澳门博彩中介的职能众多，包括介绍赌客给赌场、向赌客贷款、与赌客兑换筹码、向赌客提供其他消费等。尽管早在 2002 年澳门就颁布了第 6/2002 号行政法规——《订定从事娱乐场幸运博彩中介业务的资格及规则》，但由于该制度以美国的博彩中介制度为蓝本，与澳门本地的中介制度出入较大，未来能否得到较好的执行还尚存疑问。从目前的情况来看，博彩中介人登记工作进展缓慢，原因可能在于对中介人的信息披露要求过严和存在一些可能成为填报人的陷阱的条款。[①]

博彩公司之间的竞争还引起了码佣战，码佣不断上涨，加大了博彩公司之间税负不公和不公平竞争，来自贵宾厅的收入，将近 40% 要被赌厅承包人和叠码仔拿走。这样，主要收入分别来自贵宾厅和中场的博彩公司的实际税负是不一样的，以澳博和金沙为代表，2004 年它们的综合税率分别为 13.55% 和 1.26%，实际利润税率分别为 77% 和 57%，前者比后者实际承担的税负要大得多。[②] 竞争的加剧，也使得博彩公司与赌厅承包人的收入分成合约在发生变化，以前，输钱由博彩公司承担，赢钱后的比例一般是三七开，博彩公司拿七，赌厅承包人拿三；现在，为了降低风险，博彩公司开始推出了一种四六开的收入分成制度（即所谓的"4025 厅"），要求是赌厅自负盈亏，无论输赢，40.25% 的责任均归于赌厅，实行这一制度的赌厅，赌场对赌厅承包人不支付码佣和食宿津贴，赌厅向叠码仔支付的码佣以及用于服务客人

---

① 王五一：《澳门的博彩中介人制度》。
② 王五一：《论筹码竞争》。

Ⅱ 从制度变迁的角度看美资进入澳门博彩业

的食宿津贴由赌厅承包人自负。

最后,最大的挑战来自于因博彩业迅速发展而引起的资源和基础设施瓶颈压力,这些压力又将对现存制度施加压力。例如,由于博彩、会展和休闲娱乐业的快速发展,本地在这些相关产业的人力资源不足的问题日益突出,各公司竞相采取高薪挖人的办法吸引人才,不仅使澳门博彩业的成本加大,而且还引起了就业之不均衡。例如,博彩业的高收入使澳门年轻人的择业倾向和标准发生了变化,进一步对人们在接受教育时的专业选择产生影响,从而对教育制度的变革带来了压力。由于美国企业新来乍到,初期只能靠挖人,但它们习惯的制度环境也是不由自己企业内部培养人才,而澳门本地的历史却是由企业内部培养人才,前者要求博彩业人才培养的社会化或者由政府设立相关的人才培养机构,后者要求企业有一套稳定的留住人才的机制和相对稳定的外部环境。如果任由此局面发展下去,对于澳博而言,显然有失公平,因为它承当了培养专业人才的职能,但无法享受到相应的效益,相反,激烈的竞争还提高了它的经营成本。不仅是博彩业遇到人才瓶颈的问题,会展和休闲娱乐业也遇到专业人才缺乏的问题,而由它们带动的相关产业,如建筑业、地产业和餐饮业等服务业的发展,也将遇到同样的问题。这就对澳门的就业制度提出了挑战,传统上,澳门以雇佣本地人为主,但急需的专业人才只能靠引进,这就会使当前的就业制度等都得进行调整。大量外地人才的进入,势必对当地的就业结构造成一定的冲击,也会对收入差距产生一定的影响,搞得不好的话,会进一步带来一些严重的社会问题。又如,这些产业的发展,对土地资源极其稀缺的澳门来说,将产生地价上涨的压力,现存的土地使用和管理制度能否适应这一变化,也是个问题。①

由美资等次级主体推动的澳门博彩业制度进一步变革的过程中,谁是最大的赢家呢?毫无疑问,是美资。在赌牌三变六的过程中,澳博和永利副牌的出让,不仅新增加了一家美资,即美国的美高梅集团,而且永利出售副牌收入达9亿美元,仅此一笔交易,就收回了澳门永利(投资总额为12亿美元)绝大部分的成本,靠虑到分期投入的特点,实际上等于是空手套白狼,基本不用投入一分钱就获得了该赌牌。② 威尼斯人旗下的金沙赌场,开业7个月后即收回了全部投资。而且,美资对澳门博彩业制度变革的要求,大多也得到了实现。

但澳门本土企业和澳门特区政府则未必是赢家。就博彩业制度变革而言,现在尚未见分晓。但我们知道,仅仅移植某一子制度,或者照搬国外的子制度,在制度环境有着根本不同的情况下,是很难获得成功的。澳门本土的博彩业制度基本上是在市场中自发形成的,尤其是其独特的赌厅承包制、泥码制和叠码制,不仅适应了东亚赌博文化,也是一种非常成功的"请客上门"(drag-in)经营模式,是完全不同于拉斯维加斯的"等客上门"(walk-in)模式的。而庞大的博彩中介人队伍未来会怎么发展,某种程度上将决定澳门独特的博彩制度模式的存亡。可以预期的是,在澳博和其他博彩企业的推动下,新的博彩法规还将进一步修改完善,以适应澳门本地的现实,但美资可能也会对博彩法规的执行力度表示不满,两种博彩制度之间

---

① 与博彩业相关的一些制度,如反洗钱法规等,在执行过程中仍将会遇到很多问题。
② 汤姆·米切尔:《澳门政府赌赢了?》,英国,2007年6月19日《金融时报》,http://www.ftchinese.com/sc/story.jsp?id=001012142。

的冲突在短期内无法消除，未来如何融合和演进则具有不确定性。

三 "自由行"与澳门博彩业制度的变革

回归后澳门博彩业的繁荣，一个很主要的外部因素就是内地实施了"自由行"政策。相当长时期以来，澳门最大的客源是香港游客、内地游客和台湾游客，其中，数量最多的是香港游客，1991年香港游客到澳门的人次占到了来澳旅客人次总数的82.28%，但1991~1999年间，来澳的香港游客人次呈下降趋势，从616万人次下降到423万人次；而内地游客和台湾游客则呈上升趋势，内地游客从1991年的1.5万人次上升到1999年的165万人次，台湾游客则从16万人次上升到98万人次。2002年，香港来澳游客人次占来澳旅客人次总数的比例仅为44.24%，而内地游客和台湾游客所占比例分别达到了36.77%和13.29%。2003年7月，中央政府为了促进香港、澳门的经济发展，对香港、澳门开放了"自由行"，内地到澳门的游客大幅增长，当年就超过了香港，成为澳门比重最大的游客，到2006年，中国内地到澳门的游客已经达到了1199万人次，占来澳旅客人次总数的比例为54.48%，远远超过了香港游客到澳门的694万人次和31.55%的比例。2002~2006年间，来澳游客总人次从1153万增长到约2200万人次，新增1047万人次，而同期内地到澳门的游客新增775万人次，占新增总人次的比例为74%。而且，内地游客人均消费远远超过香港和台湾游客，1998年，内地游客、香港游客和台湾游客人均消费分别为2796澳门元、884澳门元和980澳门元；2006年，则分别增长为3215澳门元、955 澳门元和 1494 澳门元。由此可见，内地游客是支撑澳门博彩业和澳门经济在回归后快速发展的重要因素。

但"自由行"的潜力是否还足够大，中央政府是否会收紧"自由行"政策都是不确定的。从"自由行"的发展潜力来看，一种观点认为内地的"自由行"政策覆盖的人口已达4亿多，以初次赴澳游客为主，且受内地经济繁荣与否的影响，因此，"自由行"的潜力已经很小。但也有相反的证据表明，"自由行"的潜力可能并未用尽，主要是因为江浙一带，尤其是广东的游客具有和香港游客相类似的特征。一项调查表明，60%的"自由行"游客的特征是，专业人士、文员等白领阶层为主，大部分来自广东，年龄在21~40岁之间，月收入在2000~4000元以上，常携带朋友、同事或家人，在澳门不过夜或住一夜，消费一般不超过4000元。和团客相比，他们在澳门的人均消费更高，来澳门的次数更频繁，更倾向于专程到澳门，更喜欢澳门的美食。[①] 但来澳内地游客人次的增长速度已经放慢，已从2004年66%的增长率下降到了2005年的9.8%、2006年的14.6%。至于中央政府是否会收紧"自由行"政策，则主要取决于澳门的经济发展情况。随着澳门经济的好转，中央政府可能不会考虑进一步扩大"自由行"的政策力度。但考虑到澳门的特殊性，完全收紧"自由行"政策是不现实的，而且随着澳门会展、旅游休闲娱乐业的发展，赴澳的内地游客数量仍会保持一定速度的增长。但主要问题在于，这种增长能否满足澳门博彩业高速扩张的供给。换句话说，博彩业的市场需求增长能否和赌台数量的增长保持一致。仅从内地游客人次数

---

① 需要说明的是，由于该调查时间和地点的选择，可能出现较为严重的样本偏差，主要反映了广东赴澳游客的情况。曾忠禄：《内地自由行游客分析》，《澳门理工学报》2005年第2期。

II 从制度变迁的角度看美资进入澳门博彩业

的增长速度来看，应该是不行的，即博彩业过度竞争在所难免。从香港、台湾和东南亚赴澳游客人次的增长来看，自 2004 年以来，香港赴澳游客人次开始扭转了以前的负增长，在 2004 年、2005 年和 2006 年分别增长了 9.3%，11.2% 和 23.6%；同期，台湾的增长率分别为 25.8%、15.2% 和 -3%；东南亚为 77.8%、52% 和 75.1%。但这些增长率都赶不上澳门博彩业的扩张速度。不过，这也反映出美资进入澳门博彩业，使澳门对香港、台湾和东南亚其他地区的游客吸引力上升，如果这些地区的经济增长继续向好的话，能在一定程度上缓和澳门目前对内地游客的依赖程度。

由于澳门博彩业严重依赖内地游客，因此，内地的"自由行"政策走向对未来澳门博彩业的影响是比较大的，这也决定了中央政府在澳门博彩业制度变迁中也将是一个次级行动主体。如果实现了澳门特区政府转变经济结构的目标的话，赌权开放对中央政府就是好事。如果美资的进入能使澳门博彩业的客源发生显著的变化，例如，从东南亚等地吸引游客，则可缓和依赖内地游客这一形势；如果美资的进入使澳门经济结构更加合理化，会展业、旅游娱乐休闲业得到较快的发展的话，也能降低中央政府对澳门进行输血的压力，并使中央政府调整"自由行"政策的余地加大。过分依赖"自由行"政策的输血，不太有利于澳门博彩业的健康发展，并使澳门丧失国际竞争力。

在一定程度上，内地赴澳赌博给大陆带来了一些较为严重的问题，尤其是极少部分的官员在澳门赌博带来的社会影响很坏。同时，澳门的赌博借贷合法化，已经引起了合法赌债的跨境追讨问题。中国内地规定赌博行为是非法行为，不承认赌债的合法性，为保护金融秩序，是拒认赌债的。由于中国内地周边的地区和国家都相继开赌，对中国内地赌客也进行各种各样的赌博借贷活动,因此,中央必然不会允许外来赌债危害内地的金融秩序,也排除了给予澳门特殊化的可能。两地司法如何协调还是个问题。此外,与赌博紧密相关的人口贩运问题,尤其是不少内地妇女被迫在澳门从事性服务的问题,也是两地要加以解决的问题。[1] 另一个相关的问题是,在"一国两制"的框架下,中央政府主要关注的是澳门的稳定和安全。由于澳门博彩业的安全对于澳门的经济安全是至关重要的,而澳门的经济安全事关"一国两制"能否顺利实施,如果美资的进入危及到了澳门博彩业的安全,而客观上对于未来的中国内地和台湾之间的关系可能会产生消极影响的情况下,中央政府是否应该介入美资与澳门本土企业、特区政府可能的纠纷之中或者在《基本法》的框架下应该如何参与博彩业的制度变革,都是值得商榷的问题。实际上,中央政府通过《内地与澳门关于建立更紧密经贸关系的安排》(CEPA),与澳门的经济关系已经进入了一个全新的时期,势必也将成为制度变迁的次级主体,推动博彩业以及澳门其他相关制度的变革。

四 美国与澳门博彩业制度的变革

澳门虽小,但其地位却非常特殊。正如肯尼斯·马克斯韦尔(Kenneth Maxwell)所说的,澳门这块欧洲人曾经拥有的"小殖民地",在美国历史中起过不大而且长期被遗忘的作用。1844年7月3日,中美第一个条约,《望厦条约》,正是在此谈判和签订的,而这一条约直到1905年还是处理中美关系的主要依据。但长期以

---

[1] 澳门 2006 年有 1800 名妇女因违法卖淫被捕,其中 1600 名来自中国内地。《2007 年度人口贩运问题报告》——澳门(第二列观察名单),http://chinese.hongkong.usconsulate.gov/usmo_traffick_2007061201.html。

Ⅱ 从制度变迁的角度看美资进入澳门博彩业

来，美国在澳门的利益并不大。① 有着悠久贸易历史、曾经是国际贸易中心的澳门，作为东西方文化交流中心的澳门，以及长期坚持自由市场经济原则的澳门，自回归以来，逐渐受到美国重视。澳门回归以来，美国和澳门特区的贸易关系继续保持强劲发展，美国是澳门特区最大的贸易伙伴之一，美国和澳门特区之间的双边贸易额在 2006 年达到了 2.77 亿美元，自 2001 年以来，增长了 25%。2001~2005 年间，美国是澳门特区最大的出口市场。美国在澳门特区的直接投资在 2005 年达到了 5.73 亿美元，自 2001 年以来，增长了 300 倍，使美国成为澳门特区最大的投资国之一。

对于澳门的基本经济制度，美国政府的评价基本上是积极的。它认为，在"一国两制"和《基本法》框架下，自 1999 年以来，澳门政府坚持了透明、无歧视和自由市场经济，是 WTO 成员的表率，而且澳门政府一直在积极吸引外资并致力于改善投资环境。对于美资获得赌牌，美国政府的评价尤其积极，认为赌权开放显著地促进了美国在澳门特区的投资和设立企业等商业活动。② 对于澳门的法律制度，美国政府认为，澳门的法律体制是以法治和司法独立为基础，而且大部分法律都是与《国际法》保持一致的。这样，美国政府不担心投资争端，包括美国投资者或其他外商投资者与特区政府之间的争端，认为这些私人争端可以通过私下协商或法律诉讼

---

① Kenneth Maxwell, "Macao: The Shadow Land", *World Policy Journal*, vol. 16 No. 4, p. 73 – 95, Winter 1999/2000.
② 企业所得税很低，企业净利润超过 37500 美元时的税率是 12%；小于 37500 美元时的税率在 3%~12% 之间；个人所得税最高税率是 12%。外国企业和个人可以在澳门自由设立公司、分支机构和代表处，不存在歧视或不当管制。对于这些实体的所有权不存在任何限制。公司董事无须是澳门的公民或居民。投资利润和与投资有关的其他资金，包括投资资本、收益、贷款偿还、租赁支付和资本利得，都可以自由汇兑或汇出。

加以解决。对于管制体系的透明度而言,美国政府认为,澳门特区政府已经制定了相当透明的政策和法律,这些规则很清晰,不会阻碍投资。对于澳门的政治,美国政府认为,澳门的政治是稳定的,不用担心任何可能会危及商业项目或投资设施造成破坏的事件。

  美国对澳门的指责主要集中在知识产权保护、人权和经济管制等方面。在知识产权保护方面,美国认为,尽管澳门知识产权保护相当严格,而且近年来也投入了相当多的资源加强执法和改善执法体制,但在相关法规、执法体系和执法力度等方面,仍然存在不足。例如,软件盗版等问题,特别是美国认为澳门现在的版权法比较模糊,不能赋予当局起诉违法者的足够权力,要求澳门修改该法律,使软件盗版成为刑事犯罪,还要求澳门修改现法律,使之符合世界知识产权组织条约(WIPO)的相关规定;并要求澳门加强知识产权执法体系及执法力度,还具体地要求澳门特区政府加大对天线公司的信号盗用的执法力度。① 在人权保护方面,美国认为,澳门政府总体上尊重居民的人权,但在一些领域存在着问题,最明显的问题是限制公民改变政府的权利。② 在《2007年度人口贩运问题报告》中,美国把澳门归在第二列观察

---

① 美国认为,对于商业性盗用是否适用于刑事责任方面,澳门政府没有一个清晰的立场。美国估计,电视信号盗用占到澳门市场的90%。实际上,澳门是世界知识产权组织的成员,已签署了《保护文学艺术作品伯尔尼公约》,其知识产权保护工作是做得相当不错的。近年来,澳门投入相当多的资源,加大了打击光盘盗版的行为,并关闭了所有的非法光盘生产线;要求所有光盘都必须印上来源身份编码,而且使用快速的起诉制度以加快对被指控的盗版零售商的处罚。此外,澳门特区政府还加大了知识产权保护的教育和宣传,加强了对执法人员的培训。美国政府的指责是相当不公的。

② 美国国务院民主、人权和劳工事务局:《2006年度各国人权报告》——中国部分(澳门),http://chinese.hongkong.usconsulate.gov/usmo_hr_2007030601.html,2006年3月8日。

Ⅱ 从制度变迁的角度看美资进入澳门博彩业

名单中,认为澳门是从中国内地、蒙古、俄罗斯、菲律宾、泰国、越南和中亚等地贩运妇女以从事商业性的性剥削的目的地,澳门未全面达到制止贩运活动的最低标准,在查处和惩治人口贩运罪行方面只进行了有限的努力,在保护人口贩运受害者方面未取得重大进展,未做出明显的努力提高公众对贩运危险的警觉,也不鼓励公众揭发涉及贩运罪行的可疑行为。[①] 在经济管制方面,美国认为,澳门在一些重要的服务行业,例如电讯服务等,仍然保持着相当高的进入壁垒,因此要求特区政府继续放松管制。

不可否认的是,美国在推进澳门的制度变革过程中起到了一定的作用,而且随着美资大规模进入澳门博彩业,美国政府势必将作为次级行动主体,在推动澳门博彩业及相关产业的制度变迁中发挥不可忽视的作用。目前,美国是澳门特区第二大境外直接投资来源地,美国在澳门的累计投资已达74.3亿澳门元,2005新增投资43.9亿澳门元,占澳门特区吸收境外直接总投资的比例为18%。2005年,美资的直接投资获利达到了20.6亿澳门元。[②] 随着博彩行业竞争的加剧,可以预期的是,美国政府为了维护美资的利益,也将成为推动澳门制度变迁的次级主体。这一点直接体现在美国官方的报告中。在2001年美国国务院发布的《美国对澳门的政策》报告中,是这样阐述美国在澳门的利益的:"保护美国公民、维持澳门的自由市场经济、保存澳门独特的生活方式,特别是尊重公民自由、人权和劳工权利;努力打击知识产权

[①] 《2007年度人口贩运问题报告》——澳门(第二列观察名单),http://chinese.hongkong.usconsulate.gov/usmo_traffick_2007061201.html。
[②] 香港是澳门最大的直接投资来源地,累计投资已达254.4亿澳门元,占61.5%,中国内地为39.1亿元。澳门统计暨普查局:《直接投资统计(2005)》,http://www.dsec.gov.mo/chinese/pub/pdf/c_eid_pub_2005_y.pdf。

盗版和非法的纺织品转运；在防止跨国犯罪和洗钱等执法方面进行合作",并且把澳门高度自治的程度视为中国在尊重国际承诺方面的重要指标。2002年的报告对美国在澳门的利益的表述没有发生变化。2003年的报告中，则新加入了"获得澳门对反恐战争的支持"这一条；2004年的报告中，则又加入了"促进美国的商业利益"这一条。① 这与美资进入澳门博彩业的时间是高度吻合的，从中我们可以看出，随着美资大规模进入澳门博彩业等相关行业，美国政府开始积极支持美国企业在澳门的商业利益。美国政府对企业在境外商业利益的支持，从来都不是停留在口头上或文件中，而是会切切实实付诸行动的，经常会采取各种经济的、政治的、外交的甚至是军事的手段加以支持。最重要的是，它会回应自己企业的要求，并经常按照美国的模式和经验要求美资所在国改善投资环境和修改相关的法律制度等。在澳门当然也不会例外。

可以预见的是，美国在澳门的博彩公司的要求将逐步反映到美国发布的各种报告中去，美国政府将据此对澳门特区政府施加各种压力，以努力达到美资的要求。2000年，美国国会通过了《美国与澳门政策法案》（United States-Macau Policy Act of 2000），要求国务院以后每年提交相应的报告。此外，在人权报告、知识产权报告、贸易政策评估报告、贩运人口报告等报告中，美国都会对澳门进行指责与批评，并要求特区政府进行相应的改善。随着澳门博彩业竞争的加剧，未来美国可能会指责澳门在博彩业执法体制和执法力度方面不完善，并要求改进，以提高美国博彩公司在竞争中的优势。此外，美国可能还会继续指责澳

---

① The U. S. Consulate General in Hong Kong, "U. S. -Macau Policy Act and Related Documents," http: //hongkong. usconsulate. gov/usmo_ pa. html。

门在知识产权保护、人权和经济管制等方面的不完善之处，对特区政府施加各种压力，并为美国在澳门的企业争取各种有利条件。

五 结语

由澳门特区政府作为初级行动主体所启动的澳门博彩业制度变革，一开始属于强制性制度变迁，但随着美资的进入，竞争的加剧和成本—收益率的变化，美资、澳门本土企业、中央政府和美国政府都作为次级行动主体，在推动博彩业制度的持续变革过程中发挥着重要的作用。从性质上看，后续的制度变迁属于诱导性制度变迁。尽管初期收益很大，但未来澳门特区政府面对的是两种不同的博彩业制度的整合难题以及由于竞争加剧而引发的其他制度安排不均衡的问题。只有在博彩业的平均利润水平大幅下降至与会展业、旅游业等行业的利润水平差不多时，美资才会真正将投资重点转向会展业和旅游业，否则，它们都将持续扩大在博彩业的投资。这意味着，残酷的竞争难以避免，而澳门本土企业能否在竞争中生存下来，能否持续发展下去，仍是一个未知数。澳门本土博彩企业的安危直接威胁到澳门博彩业的安全问题，并可能进一步威胁到澳门的经济安全，[①] 对于澳门特区政府

---

① 假设最极端的情况出现，即美资在澳门博彩业占据主导地位，一旦出现类似 SARS 或 1997~1998 年的东南亚金融危机的情形，由于澳门不存在资本管制，在美资进出澳门都很容易的情况下，美资撤出澳门可能对澳门的经济带来致命的打击。另外一种可能是，美资分流澳门的贵宾客到美国去，金沙赌场有意分流部分大赌客到拉斯维加斯。按金沙总裁 Weinder 的说法，在澳门的赌客，尤其是大赌客，80% 有能力到拉斯维加斯旅游，因此威尼斯人在澳门发展的最大收获是"通过澳门的诱饵把大赌客吸引到美国"。参见曾忠禄《澳门博彩业竞争态势及对策分析》，《澳门理工学报》2004 年第 3 期。

和中央政府而言，如果美资的进入没有增强澳门在亚洲乃至世界赌城中的地位，没有增强对其他国家的赌客或游客的吸引力，没有促进澳门经济结构的多元化，则从长期看来，可能就是得不偿失的。作为"一国两制"的窗口，澳门的长期稳定、持续繁荣对于中国内地的重要性是不言而喻的。对于已经进入澳门博彩业的美资而言，追逐的决不是小利，在澳门的投资也绝不是短期投资，因此，必然要求改善澳门的制度环境，并寻求美国政府的支持。对于"把澳门高度自治的程度视为中国在尊重国际承诺方面的重要指标"的美国政府而言，澳门无疑是一个随时可用的棋子，而美资的进入，又使美国政府有了更多的理由卷入到澳门博彩业的制度变革中去。

澳门博彩业专营权有限开放对澳门社会经济发展的影响分析

王斌康[*]

---

[*] 作者：王斌康，澳门中西创新学院教授。

国家"第十一个五年规划"中关于澳门经济发展部分提到,"支持澳门发展旅游服务业,促进澳门经济适度多元化发展",引起澳门上下广泛的讨论和关注。这是澳门经济发展战略问题首次被纳入国家总体发展的规划之中。"第十一个五年规划"也是以胡锦涛同志为总书记的新一代领导集体在新世纪提出的第一个五年规划。表明了中央希望在国家总体经济发展框架内通过加强和推动内地与港澳更紧密的经贸安排和在科学、文化、教育、卫生等诸领域的交流合作,加强内地与港澳地区在基础设施建设、产业结构优化升级、国际市场开拓、资源分享、环境保护等方面的优势互补,实现澳门经济的长期繁荣稳定,落实"一国两制"的重大国策。

澳门经济的适度多元化和稳定繁荣地发展是一个迫切需要认真研究的重大现实课题,澳门博彩业对外资开放的利弊也只有围绕着澳门经济发展战略的核心来全面地、科学地收集相关资料和展开研究。

一 澳门回归前现代经济发展过程的阶段性分析

1960年出版的罗托斯的《经济增长阶段》一书是西方发展经济学最具有代表性的著作。在这本书中,他将人类社会发展分为五个阶段:传统社会、起飞准备阶段、起飞阶段、成熟阶段和高额群众消费阶段。后来罗托斯在1971年出版的《政治和增长阶段》一书中又在高额群众消费阶段后面增加了一个"追求生活质量阶段"。

罗托斯的起飞概念，是指在工业化初期的较短时间内（20~30年）实现基本经济和生产方法上的剧烈转变，而不是一个渐进的过程。起飞的核心就是突破不发达经济的停滞状态，突破马尔萨斯陷阱。

经济如何才能起飞呢，他认为大多数发展中国家经济发展的主要阻力是资本形成问题。因此，他首先强调的是资金积累要达到一定的程度。罗托斯提出"起飞"的第一个条件是资本积累率要达到10%以上。他利用哈罗德多马公式论证：假定人口年增长率为1%，资本/产业率（投资与产量之比）K为3.5：1，要使国民生产总值或国民收入净增长2%，资本积累率（即储蓄率）S必须为10%。

罗托斯特别强调"增长必须以利润不断重新投资为条件"，要使剩余价值资本化。因为起飞的基本条件就是创造一种机制，以便使剩余价值习惯性地进入生产投资的渠道，而不是被消费掉。

罗托斯提出的经济起飞的第二个条件是要建立"起飞"的主导部门（leading sectors），这个主导部门要发展较快，它既能带动其他部门，本身又能赚取外汇（出口创汇），以便能引进技术、购买外国设备和还本付息。主导部门不是孤立地发展的，一个主导部门同与它有联系的若干部门一起构成一个主导部门综合体系。

罗托斯利用德国作家托马斯·曼的小说《布登勃洛克一家》中几代人对生活不同的要求来说社会增长阶段的更替、主导部门的变化和中心人物的置换，提出了"布登勃洛克式动力"

(Buddenbrook Dynamics)一词。布登勃洛克家的第一代拼命积累财富,终于成为地方上的富户。第二代出生于有钱的家庭,从而追求社会地位,后来当上了议员。第三代则生长在既有钱,又有社会地位的家庭中,追求的是精神文化生活,爱好音乐。在罗托斯看来,西方经济史上为"起飞"准备条件的新教徒,"起飞"阶段的企业家,向成熟阶段推进的"钢铁大王"、"石油大王",直到成熟阶段完成后管理企业的经理阶层,都是他们所处阶段的代表人物。

澳门的现代经济增长从20世纪60年代开始启动,整个70年代被视为澳门经济的起飞阶段。澳门和香港均经历了一个较长时期的劳动密集型制造业为主导的经济增长阶段,并且呈现出多元化发展的趋势,到80年代已经形成出口加工、旅游博彩、建筑地产、银行保险四大经济支柱共荣的局面。这二十几年正是澳门现代经济发育、成长并迅速迈向多元化局面的时期,1984年澳门出口加工业已占澳门生产总值的36.9%,从事出口加工业的人数已经占到当时就业人数的50%。

90年代由于中国内地经济的快速发展,香港和澳门的工业向内地转移,香港和澳门制造业升级的正常过程被中断,迫使香港和澳门向服务型经济迅速转型。香港和澳门经济结构向过度软化方向发展,导致自身经济的脆弱性和对外部经济的依赖性。这一点在亚洲金融危机中曾经得到充分的暴露,而且澳门比香港更为严重。

新加坡、中国香港和中国澳门同为亚洲地区三个城市型经济体系,产业结构的发展变化轨迹却存在着明显的差异。在经济发展的初期新加坡的经济比香港和澳门更偏重于服务业。1950~1960年期间,新加坡工业和服务业产值在GDP中的比重分别为

31.2%和65.2%；香港为40.7%和55.6%。但是到1995年香港的上述比重分别为18%和81%，新加坡则为36%和64%，而澳门1996年服务业占GDP的比重则高达89.6%。

一个国家或地区经济的长期健康稳定地繁荣发展必须建立在政治独立和能够自主选择经济发展道路的基础之上。经济发展的历史表明，一个经济体系向服务型转型是以制造业或第二产业的发展和提升为条件的，澳门经济增长却是建立在产业结构演进的不连续性的基础上的。

澳门、香港与新加坡在相同发展水平上产生的产业结构差别是殖民主义夕阳心态在经济发展上的反映，香港和澳门回归后迎来了自主发展内生经济和优化产业结构的大好时机。

香港回归之后，特区政府大力扶持和推进高科技产业发展的政策可以看成是对殖民主义夕阳心态留下的后果的弥补行动，澳门回归之后政府最需要采取的行动就是这种补课。从世界产业发展水平和澳门当时的经济情况看，80年代初澳门是具有一定条件发展电子和资讯产业的，之所以当时的产业结构升级失败，主要是澳葡当局缺乏政府支持和产业政策的引导，加之人才和技术的短缺，致使以出口加工和博彩业并重的产业结构发生了重大调整。到了90年代，旅游博彩业成为澳门最主要的支柱产业，博彩业在生产总值中所占的比重逐步提高，形成了澳门回归前以旅游博彩业为主体，其他产业为辅的产业结构和社会经济结构。

从90年代开始，澳门经济的增长速度明显下降，与亚洲"四小龙"和东盟四国相比，倒数第二，特别是从1996年开始，澳门经济增长速度连续三年出现负增长，直到澳门回归之时仍然维持负增长。

澳门回归之后，扭转澳门经济发展速度持续负增长的状态是摆在特区政府面前一个非常重要和现实的问题,而解决这一问题的办法基本上可以分为二大类型,一曰治本,二曰治标。

要治本,就要从解决根本问题入手,在保持澳门经济已有的多元化的基础上做艰苦细致的工作,逐步建立起支撑澳门经济的主导产业和与之相联系的若干产业一起构成的主导产业的综合体。涵盖在这些综合体内的企业必须要有不断重新投资的能力,要使至少10%的利润资本化,在澳门创造和形成一种机制,使利润习惯性地进入生产投资,从而从根本上扶植澳门的内生经济力量,推动澳门经济逐渐向成熟阶段发展,并且使澳门经济发展水平在可持续的状态下得到提高。

要治标,最为有效和简单的办法就是引进外资开放博彩业,"在博彩业中引入竞争机制"即可收到立竿见影的效果,因为单从供求关系来看,博彩业开放前,由于澳门回归的效应,已有较多游客进入澳门。澳博公司的赌场里已经人满为患,贵宾室里宾朋高坐,中场更是每一赌台前都被里三层外三层赌客包围。此时开放赌权引进外资,澳门经济增长速度将出现创纪录的发展是十分简单明了的,但是开放赌权的治标方法除了能在短期内十分有效地走出经济负增长,快速拉高经济增长速度外,对于经济发展水平、产业结构优化调整、内生经济因素培养等几个重要的社会经济可持续发展的依存条件不但没有推动和促进作用,反而是釜底抽薪、饮鸩止渴,从长期来看造成了难以扭转的负面作用,对澳门社会经济长期稳定的发展造成的伤害是十分严重和持久的。

澳门经济以博彩业为主导,特别是在20世纪90年代的经济转型期澳门经济未能在已有的第二产业基础上大力发展电子和资讯产业,实现产业结构的关键性升级和优化调整,博彩业相比之下一枝独秀，形成了澳门经济畸形发展的状况，中断甚至中止了澳门经济由起飞走向成熟的过程。

二 澳门回归后特别是博彩业对外资开放后的经济发展速度和发展水平的关系分析

1999年12月20日澳门回归，实行"一国两制"，"澳人治澳"，实现了澳门回归的平稳过渡，澳门的社会经济得到了进一步的发展。21世纪初，澳门博彩业专营权有限开放的直接结果是为博彩业市场引入竞争对手，形成行业竞争格局。通过引入国际资本调整博彩旅游业的产业结构，并希望博彩业开放的示范和带动效应可以引导其他行业外资进入，改变澳门本地的资本结构。但是，博彩业有限开放的负面影响也是明显存在的。赌权开放后澳门博彩业的投资增长迅速，澳门博彩业必将重新洗牌，澳门必须面对的问题是：澳门博彩业的竞争和重新洗牌会给澳门社会经济发展带来什么影响，博彩业一枝独秀对澳门经济社会发展的利弊如何正确认识；澳门新的经济和社会结构会不会发生问题，这些问题会不会成为澳门未来社会经济潜在的危险因素。

澳门回归以后，大力发展澳门经济成为澳门广大民众的强烈愿望和共同心声，也成为新成立的特区政府的重要任务。应该承认，开放赌权引入外资，引入竞争机制的初衷是为了推动澳门经济的发展，但是现在看到的这种推动效果主要是表现在经济发展速度上，而不是整体推动经济发展水平的提高。毋庸置疑，经济发展速度是推动经济发展水平的一个重要的可量度的指标，但从经济发展水平的角度来分析，经济发展速度并不是唯一的指标和最终的标准。经济发展水平的持续性提高才是社会经济发展的最终目标。

澳门正常的经济发展速度应该与经济结构的调整、产业结构的优化升级、国家和地区内生经济的增长相联系才行,这是经济可持续发展的重要依存条件。

由于澳门回归后的经济发展速度并不是建立在上述几个重要的依存条件之上的,因此,其经济增长速度难以有坚实的基础相依托而得到长期维持。

博彩业的开放,使澳门博彩业收益大增,澳门政府的博彩税收也因此大幅增长,由于政府博彩税收与博彩业的收益呈正相关关系,因此博彩税的增长能准确反映博彩业收入的增长情况(见表3-1)。

表3-1　澳门博彩税增长情况

单位:亿澳门元,%

年　份	博彩税	增长率	年　份	博彩税	增长率
2000	56.5	—	2003	102	34
2001	60	6	2004	147	44
2002	76.4	27			

资料来源:澳门财政局网站;2005年3月20日第A11版《澳门日报》。

2003年是赌权开放的第一年,博彩收益增长34%,赌权开放带来的社会影响我们可以从正面和反面两方面来考察。

如前所述,赌权开放后,澳门政府的博彩税收益得到了连年的大幅度提升,这对政府增加财政收入用于推进澳门的行政管理和公有事业建设会有巨大的推动,这也是一般人可以十分明显看到的赌权开放的好处。另外,由于赌权开放明显地引入了竞争机制,博彩业服务水平有较大幅度的提升,游客对澳门赌场服务的满意度也有大幅度提升。服务水平的提升和内地开放"自由行"

使澳门旅游博彩业吸引越来越多的内地旅客，2005 年达到 1800 万人次，同时东南亚游客也有不俗的增长，但是这些收益背后社会为此支付的社会成本也是不容忽视的社会问题。

一个国家或地区的经济增长速度一般是以国内生产总值的增长和人均国内生产总值的增长速度来衡量的，但是仅仅以经济增长速度来等同经济发展会导致一系列的社会问题产生。随着人们对经济发展认识的深化，经济发展除了要在经济增长速度的基础上加上对经济结构变化的考察，还要把经济发展视为一个既包括经济增长、缩小不平等和根除贫困等内容，又包括社会结构、国民观念和国家制度等变化的多元化过程。国际上已经有很多国家制订了多种经济发展水平的指标，虽然有一些差别但在要包括多个社会经济侧面的多元考察上却是大同小异的。

经济结构的转型与经济增长虽然存在着密切的关系，但两者并不是简单的对应关系。在澳门经济的起飞阶段，有关统计资料显示，1971～1980 年期间澳门经济的年增长率高达 16.7%[1]。这一增长速度大大高于亚洲"四小龙"经济起飞时期的增长率。这一增长速度在亚洲四小龙和新兴的经济增长迅速的东盟四国（马来西亚、泰国、印度尼西亚、菲律宾）中位居第三，与并列第二的中国台湾地区和泰国只差 0.2%[2]。

按照世界银行的标准，澳门在 80 年代已进入高收入国家和地区的行列。1995 年以当年价格计算的人均 GDP 已经达到 18181 美元，远远高于中国台湾地区和韩国。从 60 年代开始到 80 年代末，澳门取得了比亚洲"四小龙"毫不逊色的增长纪录。

---

[1] 黄汉强主编《澳门经济年鉴》，1984/1986 年，华侨出版社，第 15 页。
[2] 陈汉广：《澳门与东亚经济发展模式的比较》，载《迈向新世纪——一九九九澳门回归专家谈》，香江出版有限公司，1999 年 11 月，第 84 页。

但是澳门的经济增长速度与澳门的经济发展水平是极不相称的,识字率是经济发展水平的重要指标。根据 1997 年统计,澳门劳动人口中具有大学学历的只有 6.6%,受过专业教育的占 2.2%,高中文化程度占 33%,小学文化程度占 30.4%,文盲占 20%。澳门的成人识字率只相当于中低收入国家的平均水平。经济增长速度是手段,经济发展水平提高才是目的,澳门经济增长长期落后于经济发展水平。

澳门回归后,认真解决长期以来存在的经济发展水平落后的局面,是摆在特区政府面前一项十分重要的内容。但是澳门回归前连续三年的经济增长速度为负增长的局面使得澳门广大民众、舆论界乃至于回归后的澳门特区政府把短期内促进经济的快速增长放到了最重要的位置。

如果单从促进经济发展速度,特别是要在短期内达到促进经济发展速度快速提升的目的,实行有限度的赌权对外资开放,引入外资大量兴建新的赌场是一个最直观、最有效的方法,也是一个最简单易行的方法。

澳门的经济结构优化调整,包括赌权改革的方向和方法需要采用系统观、科学方法来对待,要以澳门的经济发展水平不断提升、内生经济不断增强和经济结构不断优化为目标,在上述各目标优化的约束条件下来考虑赌权改革的方案。赌权简单的对外开放实践证明只是一次考虑欠周到、专业管理水准不到位的失误性决策。

何厚铧曾说:"改革赌博业的目的是为了引进竞争,把澳门变成一个更吸引人的赌博与旅游中心。"现在检讨由于目标的单一使赌博业的改革方案失之偏颇,更由于这个单一目标本身就存在很多问题而使赌博业的改革方案成为一个社会变革失败的案例。如果从地区经济发展和产业结构优化升级的视角来观察，赌博业改革的后患在澳门经济社会今后的发展过程中将日益显现出来。

三　澳门经济发展动力的经济学分析

一个国家或地区经济增长的内生化条件的培养在政府的产业政策推动产业调整和升级中的作用是十分重要的，澳门回归后如何大力推进制造业的振兴是摆在澳门特区政府面前的重要课题。然而遗憾的是特区政府通过开放博彩业引进外资，回避了通过振兴制造业来提升澳门的产业结构，并以此为基础更进一步使澳门的经济结构实现向现代服务业升级成为难题，"毕其功于一役"赌权招标，赌牌分拆，企图通过经济速度的提升解决或者掩盖其他问题。

从工业经济的角度看，产业集聚会导致产业竞争力和自我强化效应，并且可以导致促进专业化投入和服务的发展；为具有专业技能的工人提供了共享的市场；使企业从技术溢出中获益（马歇尔，1898年）。

按照现代经济学和创新理论的观点，马歇尔对产业集聚的第一个要点的分析集中在产业集聚过程中的路径依赖和累积因果关系；第二个要点则强调地方化联系对经济活动集聚绩效的重要作用；第三个要点认为集聚的学习含义才是最重要的，将产业集聚与地方环境在促进创新中的作用相联系。

但是集聚经济植根于生产过程的相互联系之中，某一地理区域中公司、机构和基础设施间的联系会引起规模经济和范围经济等；一般劳动力市场的发展、专业化技能的集中、地方供应者和消费者之间增加的相互作用、共享的基础设施以及其他外部性等。

博彩业作为旅游业中的一个子行业，具有为观光游客提供旅游服务的性质，在旅游业六要素吃、住、行、游、乐、购中属于娱乐的范围，但是这种娱乐形式本身又具有对社会安定、道德风尚形成不利冲击的一面，大量博彩业公司在一起集聚，只能在较少的程度上产生和工业生产企业集聚的优势效应，而在更大程度上产生对社会的负效应。

根据罗斯托的经济发展理论，一个国家或地区的主导产业必须在前向、回顾、旁侧三种效应中都要有很强的带动和拉动作用。

主导产业通过自己的三种影响带动整个经济增长。

（1）回顾影响：指主导部门对某些供给生产资料部门的影响，如生产原料、材料、厂房建筑、设备及动力供应；

（2）前向影响：指主导部门对新工艺、新原料、新能源出现的诱导作用；

（3）旁侧影响：指主导部门对所在地区城镇建设、交通、文化及生活供应的影响。

旅游业只是旁侧效应较强的产业，而前向与回顾效应极小，甚至没有。世界上以旅游为主导产业的国家和地区很少，意大利、西班牙、法国、埃及、中国香港地区、新加坡都是旅游业相当发达的国家或地区，但旅游业都不是主导产业。世界上只有拉斯维加斯、蒙地卡罗、澳门这样的博彩业非常发达的地方旅游业才能成为主导产业，但是这些地区的前向与回顾效应都是必须得到高度重视和发展的相关性产业。

赌权开放使澳门博彩业迅速膨胀，一枝独秀，一业独大，对其他产业产生排斥效应,使社会财富的分配在博彩业和其他产业之间出现失衡状态。

博彩业的快速发展,使得澳门的本地生产总值得到大幅度的快速提高,澳门的人均 GDP 已经超过 1.8 万美元,直逼人均 2 万美元,使澳门在国际上的经济地位得到提升,目前已经位居亚洲第三。但是国民收入和社会财富的分配却仅限于博彩业及相关行业从业人员收入的增加,不同行业之间收入中位数差距被拉大,一些未能分享博彩业发展带来好处的群体产生大范围的不满情绪。

2000 年第四季度,澳门所有行业平均月收入中位数是 5999 澳门元,但是,博彩业同期全职员工平均月收入中位数为 10730 澳门元,高出其他行业收入数倍,同期制造业全职员工平均月收入中位数 2968 澳门元,仅为博彩业的 1/5。

中小企业大量人才从各行业流向博彩业,而留下来的低层员工,工作量增加但薪金没有提高。统计调查显示,澳门有 30% 的打工者称其薪金没有提高,而工作劳动量反而增加[①]。与此同时物价飙升,2005 年 5 月综合物价指数较 2004 年同期上升 3.68%,其中升幅较大的依次为租金及住房开支、衣履类、粮食饮品类,均为居民生活必需品。

要测算居民的生活水平,不能只看政府每年的收支情况,更重要的是要看整个社会拥有多少存量资产、公共设施、生产设备、土地、房屋等。

存量资产是指过去的生产活动所生产和积累起来的产品、货

---

① 《澳门经济资料表面亮丽 基层工人生活未见提升》,载于 2005 年 4 月 30 日《讯报》,第 6 页。

物、金融资产（负债）的累计数，这些存量资产要在每年的生产活动中使用，也就是各个经济部门使用现存的存量资产进行生产活动，再把一部分产品积累起来作为新的资产存量追加到原有的存量资产之上。在新的国民经济核算体系中利用资本筹集账户处理后表明该时期积累的新的资产数额，因此，每年的资产（存量）数额就是：期初资产负债表账户＋资本筹集账户＝期末资产负债表账户。考虑到资本筹集账户是按取得时的价格计算的，而期初资产负债表账户是按期末重估的价格，如果价格发生变化上述公式计算会有差异，为此设立调整账户来使变动后的价格获得统一的核算标准：

期初资产负债表账户＋资本筹集账户＋调整账户＝期末资产负债表账户。

资本筹集账户反映了新增的实物资产和金融资产的流量，和期初资产负债表账户上的存量衔接起来就可以真实地反映实物资产和金融资产的增减情况。

四 赌业开放对澳门人力资本形成的冲击和影响分析

博彩业在增加收益，特别是流量意义上的收入中作用明显，但对人力资本具有压抑的作用，对社会资本则具有破坏性作用。资本的定义取决于不同研究层次的分析目的，即不同研究层次的不同分析目的会有不同的资本定义。政治经济学把资本看成是一种社会生产关系，而我们在进行经济发展研究时，则会舍掉生产关系的质的规定，在一般意义上使用资本概念。

西方经济学对资本的定义一般为：凡用于生产、扩大生产能力及提高生产效率的物质在经济学上都称之为资本。从类型上主要是包括两种形式，物质资本（包括实物资金和金融资本）和人力资源。

现代经济理论将资源和资本区分为物质资源与人力资源、物质资本与人力资本两大基本类型，对人力资源进行开放性投资形成人力资本。人力资本理论是现代经济学的一个核心问题。

20世纪50年代美国经济学家西奥多·舒尔茨（T. W. Shultz）在研究美国农业经济的长期实践中发现，促使美国农业生产迅速增长的基本原因已不是土地、劳力和资本的增长，而是人的知识能力和技术水平的提高。舒尔茨第一次明确指出和证明了人力资本投资的收益大大超过对土地、机器和设备等物力资本的投资。

舒尔茨认为，贫穷国家并不是极端缺乏物质资本，而是人的能力开发没有和物质资本保持齐头并进，从而成为经济发展的限制因素，他认为空间、能源和耕地并不能决定人类的前途。人类的前途将由人类智力的进化来决定。

人力资本理论认为，人力资源是一种活的资源，具有可开发性。人力资源的开发水平决定物力资本和其他资源的开发水平，人力资本是对人力资源进行投资的价值体现。对人力资本进行投资的主要方式有教研、科研、保健、人口流动、就业培训等方式，其中以正规教育、职业培训和研究开发的投入最为重要。随着经济现代化和科技发展，物质资本对经济的贡献率有递减的趋势，而人力资本对经济的贡献率则有递增的趋势。

研究人力资本理论的美国经济学家贝克尔（G. S. Beeker）指出：一些欠发达国家由于不重视对人力资源进行投资，使社会被"锁定"在"低收入陷阱"里。

为了提高人力资源的开发水平，各国政府都把教育放在了十分重要的位置，制订新的国家教育发展规划，1994年美国国会通过了对美国基础教育进行系统改革的名为《2000年目标：教育美国》的法案。欧盟于1997年7月发表的《2000年议程》报告，强调把教育放在知识经济的中心，改变传统的教育观念和机构，提高劳动力的"可雇佣性"。

近几年来日本政府用于教育的经费占财政支出的16%，占国民生产总值的4.5%。迄今，义务教育普及率100%，高中入学率为95%，大学入学率为36%。

葡萄牙于1992年由政府倡导开始发展知识经济的时候，全国成人文盲率为13.8%，受高等教育的同龄人为29%。[①]

澳门的教育事业发展严重滞后于经济发展，已经成为制约人力资源水平提升，制约经济发展水平提高，制约产业结构优化升级的一个重要限制条件。

澳门在1995年开始推行七年免费教育，1997年推行初中3年免费教育，1983～1986年间占就学学生93%左右的私立学校学生，只享受政府教育经费9.2%左右的支出[②]，教育资源分配的不公平达到了登峰造极之地步。这种状况直到80年代末期才开始有了一些改变。但是教育体制改革、人力培养和人才引进仍然是制约澳门经济发展和内生经济因素培养的一个重要问题。

与新加坡、韩国和中国台湾相比，制约澳门特区经济增长的重要条件之一就是缺乏高素质的人力资本和政府有预见性的人力资源开发政策的引导。

随着博彩业的迅速扩张，博彩业在短期内需要大量各种职位

---

① 邓树增主编《知识经济之路》，世界图书出版社，第157页。
② 黄汉强编辑《澳门教育改革》，东亚大学澳门研究中心出版，1991，第68～69页。

的人员，一方面不少赌场降低员工入职标准，甚至将招工的标准由过去一般要求具有高中学历降低到只要小学毕业学历，年满18岁就可以到赌场就业，由此对澳门的教育事业产生重大的冲击和影响。

据澳门特区政府公布的统计数字，2004年12月博彩业全职员工平均月工资10730澳门元，此薪酬还未包括年终双薪、年终赏金、花红及其他奖金，其中兑换、赌场监场、巡场、荷官等员工平均月薪6311澳门元，远远高于当年澳门平均每月中位薪酬5599澳门元。[1] 赌场一般侍应生月薪6000多澳门元，加上双薪、小费等也接近1万澳门元，1~2年后若升做荷官则底薪要在1.2万澳门元以上。而四年大学本科毕业后就职文员月薪也只有6000澳门元左右，因此对于中学生来说，读大学不如早早到赌场就业划算。

过去澳门的就业机会较少，澳门社会都知道学生都必须勤奋读书拿到高等学历，才能找到一份好的工作。但赌业开放后，就业形势一派大好，获得高等学历的机会不但本身成本较大，而且还会损失就业机会，损失获得高薪收入的机会。据澳门教育暨青年局网站提供的最新资料：中二、中三的学生流失率已经高达15%和18%，2003年招收的中二、中三学生到2005年已经分别流失1421人和1494人。这使得澳门本来就业人口受高等教育的比例偏低（2005年第一季度统计为16.2%），今后还会更为严重，从长远来看将会妨碍澳门人口整体素质的提高，并且会妨碍澳门经济发展水平的提高。

赌权开放使澳门博彩业迅速扩张，不仅吸引在校青年，也同

---

[1] 《博彩业空缺》，载于2005年3月31日《澳门日报》。

时对其他产业的人力资源产生争夺。据澳门特区政府公布的数字，截至 2004 年底，博彩业的从业人员已有 21264 人，相当于同期就业人口的 9%。① 按各大博彩公司规划，到 2009 年将又增近 3 万职位。目前澳门劳动人口只有 23 万左右，失业人口 9800 人（失业率降到 4.1% 已属充分就业），即使目前失业人口全部到赌场就职，澳门赌场仍然空缺大量职位。

五 澳门经济稳定健康发展的制度因素分析

澳门被称之为自由港，实行资本主义的自由市场经济制度，但是澳门的资本主义市场经济制度的微观的经济基础是不健全的。从产权结构组织和市场竞争来看，自由竞争是市场经济的核心，私营企业制度是资本主义市场经济的经济制度，也是自由竞争的基础。没有私营企业制度的推行，自由竞争的局面就无法形成，二者可以说是互为表里的。

澳门的经济由处于自由放任的自由竞争的私营企业和属于授权经营垄断程度很高的服务业和公有事业构成，这使回归前的澳门经济呈现出十分明显的二元经济的特征。一般来说，在一个国家或地区经济走向成熟阶段之前，政府部门对大部分的公有事业实行控制是国际惯例。但是澳门除了公有事业（包括电讯、电力、供水、污水处理、垃圾焚化、清洁公司等）实行专营外，还对绝大部分运输业（包括往来港澳的客运，如国际机场、新福州、巴士、航空公司、公共汽车公司等）实行专营。如果加上对博彩旅游实行的专营制度，在澳门回归前，澳门的专营行业

---

① 《博彩业空缺》，载于 2005 年 3 月 31 日《澳门日报》。

的产值已经占到澳门 GDP 中的 60% 以上，1999 年专营税的收入已经占到政府财政收入 54% 以上。

澳门经济中属于第二产业的制造业和第三产业的饮食业由广大的私营企业主自主经营，澳门特区政府则采取了放任的政策，没有必要的扶持和指导，使其处于完全的自生自灭状态。

澳门本地面积不大，市场有限，出于规模经济的需要，对某些公有事业实行专营特别是在澳门经济尚未走上成熟阶段是可以理解的，也是正确的，同时公有事业的发展也会为澳门经济的微观基础私营企业的发展提供良好的外部环境。

澳门博彩业从专营走向开放，标志着澳门博彩业从完全垄断走向寡头垄断竞争，竞争的引入正如人们所期待的，带来了服务设施的施工建设，兴建高档豪华的赌场，正如不少澳门人的直观感觉，整个澳门几乎成了一个大工地，澳门博彩业收益也不断增长。

但是一项制度变迁带来收益的同时也必然要有成本支出，有些成本支出是短期经济成本支出，有些成本支出则是长期的甚至是不可逆转的社会成本支出。同时经济制度和社会制度是相互影响的。博彩业开放对澳门产生的社会、政治、文化影响，特别是所带来的负面的社会成本增加，我们必须有认真的分析和清醒的认识。

从澳门经济稳定健康发展的分析所引发的一个政策性启示，评价博彩业专营权的改革成功与否以及利弊分析要有一个包含多目标约束的评价体系，而不是单单以政府财政收入的增长或者 GDP 的增长，甚至二者加在一起都不能形成最重要的和长期发展要求的条件。

澳门博彩业的开放具有中央政府双重政策支持的特殊性，一方面在"一国两制"的原则下,准予澳门继续开赌;另一方面实施"自由行",使澳门博彩业获得大量内地客源。据专家估计,每年有将近 600 亿人民币的资金流向国外及港澳地区的赌场,其中流向澳门赌场的资金至少在 300 亿以上。

博彩业是一个高回报低风险的行业,特别是在客源稳定的情况下,投资博彩业是一个能获得高额利润的特殊行业。现在澳门民间普遍存在一种忧虑情绪,认为开放博彩业,进来的都是美资,并且都是具有相当实力的国际赌博集团,凭借其雄厚的经济实力,正在不断蚕食澳门博彩业的市场份额,一旦控制澳门博彩业就等于控制了澳门的经济命脉,甚至会带来澳门政治生态的变化,这是否会意味着美国将政治势力渗透到中国领土,澳门是否会为此付出巨大的社会成本代价?

外资进入澳门博彩业,对澳门政治的影响也初露端倪,2005 年澳门特区第三届立法会选举,选民登记情况空前踊跃。登记的自然人选民比 2001 年立法会选举时增加 38.05%;已登记法人数目已较 2001 年增加 44.8%,[①] 从选民人数的增加,可以看到博彩业各大集团争夺澳门政坛的前哨战。

2009 年是澳门的双选年,既要进行立法会选举,又要进行行政长官选举。2009 年选举的规则由第三届立法会制定。按照规划间接选举议员由社团产生,各大博彩集团主要依靠公司旗下的员工,参与直接选举议员的角逐。威尼斯人已要求金沙名下 4000 多员工进行选民登记,而澳博娱乐公司连同旗下的酒店餐饮共有 2 万多员工进行选民登记,角逐直接选举议员席位。两家

[①] 中新网:《澳门立法会选举选民登记踊跃——新增六万选民》,2005 年 6 月 16 日。

公司都对立法会的选举表现出十分积极的态度，都要通过现代法律与政治武器来捍卫自己的利益。

葡萄牙人治理澳门400多年，经济上一直没有值得称道的业绩，这一方面与澳门地域狭小的限制有关，但更重要的是这和拉丁语系民族深层次的宗教伦理精神相关。

英国是深受新教伦理影响的民族，节俭创业，公平民主是新教伦理的核心，强调赚来的钱主要用于置产兴业，向外扩张，美国、加拿大、澳大利亚、新西兰、南非、中国香港、新加坡等都是英国的殖民地，中国20世纪30年代的上海也深受英国的影响。

葡萄牙、西班牙等拉丁语系民族则深受旧教伦理的影响，以森严的等级观念、炫耀性消费为特征，葡萄牙人、西班牙人曾经和英国人一道都是罪恶的海上贸易的参与者，但所赚来的钱都被消费掉了；英国人则主要把赚来的钱用于扩张性投资，为自己赢得更进一步的发展，这也可以看做是香港和澳门经济具有极为不同的对外辐射能力的宗教文化等精神层面的深刻原因。

近代经济发展史表明英语语系的殖民地国家与拉丁语系的殖民地国家在大致相同的起点上，却产生两种截然不同的发展结果。新制度学派的代表人物道格拉斯·诺斯（Douglass C. North）在其著名的《经济史中的结构与变迁》一书中指出："从宗主国延伸来的制度和产权奠定了殖民地地区后来的发展模式"，"西班牙、葡萄牙和法国殖民地的经济组织与英国殖民地的经济组织的明显差别来自于宗主国延伸而来的产权与殖民地地区天然生产要素的结合"。

制度经济学理论为我们认识香港经济发展与澳门经济发展差异性深层次原因提供的思路和分析方法，对澳门未来社会经济发展的制度创新具有重要的意义。

澳门有限开放博彩业许可制条件下的法律监管

陈欣新[*]

---

[*] 作者：陈欣新，中国社会科学院法学研究所研究员。

Ⅳ 澳门有限开放博彩业许可制条件下的法律监管

长期以来，澳门地区以博彩业为主要经济支柱，据不完全统计，目前来自博彩业的税收占澳门特区财政总收入的75%以上，并成为澳门主要的就业职位供给行业。同时，博彩业对于其他行业的兴衰变迁也有着举足轻重的影响力。这一局面在相当长的一段时间内不会发生根本性变化。由于在很长时期内澳门博彩业处于独家经营的状态，其规制方式多以内部规范为主，法律规制实际只是起到辅助作用。随着博彩业许可制的有限开放，独家经营的时代宣告结束，尤其是外资进入博彩业后，传统的博彩业法律规制方式已无法适应形势的需要。因此，从确保澳门长期稳定繁荣和澳门安全的目的出发，必须加强和完善有限开放博彩业许可制条件下博彩业的法律规制，运用法律规制实现市场准入、行业运行和政府监管的规范化、合理化。

一 澳门对外资开放博彩业的原因及其法律基础

葡萄牙统治时期，澳门在大多数与民生息息相关的领域设置了大量的专营制度。对于澳门而言，普遍存在的专营制度可算是一种历史的遗产，也是澳门经济体制的一大特点。澳门作为一个微小的经济体，很多领域的资源都具有极大的稀缺性，专营制度在统筹配置资源方面的确有一定的优点，是不是所有的专营都要取消确实值得商榷。但是，这种制度的弊端也显而易见，由于垄断性经营导致服务差、效率低、价格高,市场发育不健全,人才难以流动,因为缺乏竞争而使经营者易于故步自封。结果是妨碍"看不见的手"发挥作用,窒息经济和市场活力,使得实行资本主义制度、自由港政策的澳门显得有些名不符实。在所有的专营行业中,博彩业毫无疑问是最大的专营行业,相关法律制度也经历了复杂的变迁过程。

(一)澳门博彩业开放前的专营制度及其法律基础

澳门起初也依法禁赌,但后来澳葡当局为解贸易急剧衰落、收入拮据之窘,决定实行公开招商设赌,向赌场征收"赌饷",以"开赌抽饷"增加收入。1847年,澳门政府颁布法令,宣告赌博业合法化,揭开了赌业合法化的序幕。19世纪60年代中期,澳葡当局主要依靠"赌饷"和"鸦片烟税",使得每年的财政收入增加到20多万元,并有约4万元的结余上交葡萄牙国库,但当时并没有专营的赌场。20世纪30年代以后,澳门政府改变政策,实行博彩业专营。1930年澳葡政府颁布法令正式实行博彩专营制,通过公开招标、暗标竞投的方式,以价高者中标批出赌场专营权。政府与中标娱乐公司签订合约,博彩业经营者必须依合同经营,并向政府缴纳博彩税。1937年,高可宁、傅德荫合组的泰兴娱乐公司中标,开始实行博彩业专营制度,从此澳门博彩业发展初具规模。但是,泰兴公司经营不善,情况并不乐观。20世纪50年代澳门政府开始重新制定博彩业管理办法,并采取公开竞标博彩业经营权的模式。针对博彩业监管问题,澳门当局颁布了一些法令,例如,1961年颁布1469号法令制定了关于幸运博彩的批给法律制度。1962年,正式注册成立的澳门旅游娱乐有限公司夺得专营权,同政府签订了《幸运博彩专营批给合约》，澳门博彩业从此向现代产业方向发展。1982年，澳门立法会通过6/82/M号法律，界定澳门为永久性博彩区，并重新规范了批给制度，但并没有使澳门博彩业走向法制化发展的道路。约束澳门博彩业的主要是澳门地区《幸运博彩专营批给合约》。澳门实行的博彩专营制度，是通过契约的方式由澳门政府与博彩专营公司签订专营批给合约，将博彩专营权批给专营公司独家经营，形成实际上的垄断经营。整个博彩行业处于一个博彩集团的控制之下，严格排除竞争，以及由于不正当竞争而引起的风险。专营批给合约中明确规定了专营公司在合约存续期间必须缴纳的税费以及必须承担的公共设施建设专案和社会服务专案。专营公司也相应得到与公共设施专案相关的房地产优先开发权和专营权，及相关业务、税收豁免权。只要专营公司及时、有效地履行了合同规定的义务，政府就不能过多干涉专营公司的内部事务。对博彩经营活动的监管，主要是专营集团内部的监管。

1961年，澳葡当局颁布法规，首次明确赌博是"特殊的娱乐"，规定经营幸运博彩业的批给需通过专营制度实施。1962年，以霍英东、何鸿燊、叶汉及叶德利为首的澳门旅游娱乐有限公司，以316.7万元的赌税承诺获得专营权，澳门博彩业自此进入新阶段。此后30多年，澳门的博彩业一直由澳门旅游娱乐有限公司实行高度垄断经营。1997年7月，该公司与澳葡政府再次签订新修订的博彩专营合约，把合约延期至2001年12月31日。

（二）澳门博彩业开放的原因及其法律基础

澳门博彩专营经过70年的时间，其弊端逐渐体现出来。首先，专营批给合约体现了政企不分的思路，澳门政府在批给合约中将相当多的本应由政府履行的职能，移转给专营公司承担。这样虽然减轻了政府的负担，却也使本应由政府履行的监管职责无法得到体现，社会为此付出了极大的成本，远远高于政府减轻的负担。其次，由于博彩业实行垄断经营，缺乏市场竞争压力，居于垄断地位的经营公司可以通过简单的方式得到很大的利润回报，缺乏创新和进取的动力。税收的优惠和开发权的优先，造成博彩专营公司可以在旅游业、进出口贸易、房地产等行业与其他经营者进行不平等竞争。在一定程度上抑制了其他行业的企业成长，使经济资源和社会资源过度集中于以博彩业为核心的经营集团。再次，专营公司实行的博彩经营方式容易导致高利贷、勒索、贪污、权力滥用等问题。

澳门回归后，博彩旅游业被定位为澳门的支柱产业，带动澳门整体经济发展。澳门回归和现行博彩专营牌照到期，为这种改革愿望提供了时机和推动力。新生的澳门经济需要大的发展，而经济对博彩业的依赖不是一朝一夕可以改变的。那么，唯一的办法就是对博彩业进行改革。2001年12月31日澳门政府与澳娱公司的《幸运博彩专营批给合约》到期，特区政府希望利用合约即将到期的良机，引入竞争机制，借此发展具竞争力的博彩业，采纳现代化的营运和管理模式，为澳门居民创造更多的就业机会，并且进一步巩固澳门作为区域博彩中心的地位。

特区政府为澳门经济的这次重大改革做了极为认真的准备。2000年6月，特区政府成立博彩业专责委员会，行政长官何厚铧亲自出任主席。2000年8月23日，博彩业专责委员会决定拨款聘请权威的国际公司作为顾问，就澳门博彩业的改革方向开展专项研究，为世界上超过100家赌业客户提供会计、税务和策略性顾问服务的美国安达信公司中选。经过审慎研究，特区政府决

Ⅳ 澳门有限开放博彩业许可制条件下的法律监管

定将赌权执照由原来的一个增加到三个。2001年8月30日,澳门特区立法会根据《澳门特别行政区基本法》第七十一条第(一)及第(三)项的规定制定《娱乐场幸运博彩经营法律制度》,简称《博彩法》,成为规范澳门博彩业的主要法律。《娱乐场幸运博彩经营法律制度》共57条,主要内容涉及娱乐场、赌场的适当经营及操作;参与娱乐场幸运博彩监察、管理及操作的人士所应具备的资格;与娱乐场幸运博彩经营及操作有关的法律责任;博彩税收等。政府征收的博彩特别税税率也由专营时期的31.8%提高到35%[①]。博彩业经营公司除缴纳博彩业特别税外,还需缴纳法律规定的其他税费。2001年10月31日,名为《规范经营娱乐场幸运博彩的公开竞投、批给合同及参与竞投公司和承批公司的资格和财力要件》的行政法规正式生效。作为《博彩法》的补充,这一法规对公开竞投的程序、标书评审、批给标准等各个环节都做出详尽具体的规定。同日,特区政府成立专门竞投委员会,负责博彩牌照竞投的具体工作,委员会公布投标从2001年11月2日上午9时正式开始进行,这是继澳门回归以后又一国际瞩目的大事,在海内外引起强烈反响。将每年营业额达5000亿澳门元的澳门赌业市场向国际开放,无疑给垂涎已久的世界财团提供了绝好的机会。到2001年12月7日截标时,先后有世界各地21家大公司争相竞投,其中有世界级赌王、国际知名的博彩业酒店集团等。全球博彩业的五大赌王中,有三个参与了竞投。群雄逐鹿,招标工作却井然有序。经过一系列的评估、磋商等程序,特区政府于2002年3月至6月期间,正式与三家公司签约,将博彩业经营权分别批给澳门博彩股份有限公

---

① 《娱乐场幸运博彩经营法律制度》第二十七条第二款。

司、永利度假村（澳门）股份有限公司及银河娱乐场股份有限公司。

　　对于这种结果，澳门有学者分析，特区政府是用心良苦。作为澳娱子公司的澳博中选，特区政府主要考虑澳娱在澳门维持博彩业垄断地位长达40年，在经营博彩业方面有丰富的经验，而且对澳门的历史贡献尽人皆知，给予澳博牌照，有利于澳门博彩业的稳定发展，也可以达到制约外资防止博彩业被外来势力所控制的目的；永利中标，是因为特区政府看中其在发展休闲度假中心方面的成功经验，希望通过给予永利博彩牌照，使其能够为澳门休闲度假业的发展提供机会；选择银河是因为银河在国际会议展览业务方面实力雄厚，将其引入澳门可以为澳门产业结构调整开创新局面。三家中标公司所提交的整体发展计划，符合特区政府提出的"以旅游博彩业为龙头、服务业为主体，其他行业协调发展"的产业结构、经济发展的战略。特区政府希望这三家公司作为经营博彩业的最佳组合，在为澳门提供稳定的博彩收益之余，使澳门发展成为区域性的休闲度假中心和地区性的会议展览中心。

二 "一国两制"与WTO对澳门博彩业法律规制的影响

　　澳门回归以后，根据《澳门特别行政区基本法》的规定，澳门特别行政区是中华人民共和国不可分离的部分[1]。澳门特别行政区境内的土地和自然资源除在澳门特别行政区成立前已依法

---

[1] 《中华人民共和国澳门特别行政区基本法》第一条。

Ⅳ 澳门有限开放博彩业许可制条件下的法律监管

确认的私有土地外属于国家所有。由澳门特别行政区政府负责管理、使用、开发、出租或批给个人、法人使用或开发,其收入全部归澳门特别行政区政府支配①。从《基本法》的规定看,就法律地位而言,澳门首先是中华人民共和国的一个特别行政区,其与内地的关系是一个主权国家内部两个地区之间的关系,而不是两个相互独立的实体之间的关系。

(一)"一国两制"条件下澳门在 WTO 框架内的法律地位

澳门与世界贸易组织(WTO)的关系要从 1962 年谈起。当时葡萄牙加入《关税和贸易总协定》(GATT),其《加入议定书》规定,葡萄牙代表其所有关税区域适用关贸总协定,按照当时葡萄牙接受国际条约为国内法的法定程序,间接适用于澳门②。但在葡萄牙加入《关税和贸易总协定》的关税减让表中并未将澳门作为单独的关税领土予以特别规定。随后,葡萄牙于 1975 年代表澳门签署了《国际纺织品协定》,并分别于 1978 年 11 月、1982 年 6 月和 1987 年 1 月先后代表澳门续签了《延长议定书》。东京回合谈判中,葡萄牙又接受了《技术性贸易壁垒协议》和《民用航空器贸易协议》,这些协议同样适用于澳门。对于澳门的法律地位,历届中国政府一贯认为其属于中国领土;葡萄牙 1974 年革命之后于 1976 年制定新宪法,也明确规定澳门不是葡萄牙领土,葡萄牙对澳门不享有主权,只是行使管制权。因此,严格按照国际法,葡萄牙并无代表澳门签署国际条约或协定

---

① 《中华人民共和国澳门特别行政区基本法》第七条。
② 1933 年《葡萄牙宪法》第八条和 1955 年《澳门省组织章程》第七十二条第一款。

的权力。但考虑到澳门的具体情况，中国政府从尊重历史、照顾现实的原则出发，做出了积极努力，经中葡双方的互动配合，中国澳门与关贸总协定缔约方达成谅解。1987年3月，中葡两国政府就澳门问题发表联合声明，宣布澳门作为自由港和单独关税区，可以同各地区保持和发展经贸关系，可以继续参加GATT和其他有关国际组织和国际贸易协定。1991年1月中，中葡两国政府同时向GATT秘书处递交声明，葡萄牙的声明指出：澳门自1991年1月11日起，成为GATT的缔约方。中国的声明则宣布：自1999年12月20日起，澳门特别行政区可以"中国澳门"的名义继续作为GATT的单独成员。1995年，澳门以"中国澳门"名义成为WTO的创始成员方。为了确保澳门的自由港地位，澳门特别行政区基本法第一百零六条规定："澳门特别行政区实行独立的税收制度。澳门特别行政区参照原在澳门实行的低税政策，自行立法规定税种、税率、税收宽免和其他税务事项。专营税制由法律另作规定"[1]。考虑到澳门在回归前已经加入《关税和贸易总协定》，《澳门特别行政区基本法》规定，"澳门特别行政区为单独的关税地区。澳门特别行政区可以'中国澳门'的名义参加《关税和贸易总协定》、关于国际纺织品贸易安排等有关国际组织和国际贸易协定，包括优惠贸易安排。澳门特别行政区取得的和以前取得仍继续有效的出口配额、关税优惠和其他类似安排，全由澳门特别行政区享有"[2]。根据《澳门特别行政区基本法》以及WTO的有关规定，澳门属于单独关税区，"单独关税区"是指在"处理其对外贸易关系和本协定规定的其他事

---

[1] 《中华人民共和国澳门特别行政区基本法》第一百零六条。
[2] 《中华人民共和国澳门特别行政区基本法》第一百一十二条。

项方面享有完全自主权"的某国部分领土。不过,"单独关税区"虽在处理本地外贸关系等方面享有自主权,却又在国际法公认的身份和地位上,仍然只是归属于该主权国家并受其政治管辖的部分领土①。澳门与内地同属一个主权国家内部的两个单独关税区,因此,澳门与内地之间的经贸关系不应被视为作为独立主权国家的不同关税区之间的关系。至于内地与澳门签订的《内地与澳门关于建立更紧密经贸关系安排》(CEPA),就性质而言是"地区自由贸易安排"(RTA,或称区域经济安排)的主要形式之一,属于"过渡到自由贸易区的临时协定"②。"自由贸易区应理解为由两个或两个以上的关税领土所组成一个对这些组成领土的产品的贸易,已实质取消关税或其他贸易限制的集团"③。自由贸易区可以在下列条件下存在:(1)贸易壁垒在一体化之后大体上不增加。"在建立自由贸易区和采用临时协定以后,每个组成领土维持对未参加贸易区或临时协定的缔约各国贸易所适用的关税和其他贸易规章,不得高于或严于同一组成领土在未成立自由贸易区或临时协定时所实施的相当关税和其他贸易规章"。(2)同意在一段"合理"期间内消除实质上全部的区内货物交换的所有关税和其他贸易限制。(3)以上措施必须向GATT通报,GATT将设立一个工作组来确定以上条件是否得到满足④。未来中国内地与其他三个单独关税区台湾、香港、澳门之间也可以组成一个"中国自由贸易区",即对内相互取消关税和其

---

① 《GATT 1947》第二十六条、第三十一条和第三十三条。
② 《GATT 1947》第二十四条。
③ 《GATT 1947》第二十四条八款。
④ 《GATT 1947》第二十四条以及《GATT 1994》对《GATT 1947》第二十四条的解释。

他贸易限制，对外仍保留各自独立贸易政策的经贸机制的途径，在一个中国的前提下，通过 WTO 框架解决经贸关系。此外，作为发展中国家，中国还可以援引 GATT 有关条款，建立不符合上述条件的自由贸易区。1979 年"关于给予发展中国家差别和更优惠待遇的决定"即所谓的授权条款，允许发展中国家所达成的区域协议中成员国之间的关税可以低于对非成员国进口所征收的关税。

此外，根据《GATT 1947》的规定，WTO 的任何规定不得解释为"阻止任何缔约方采取其认为对保护其基本国家安全利益所必需的任何行动"[①]。因此，在"一国两制"与 WTO 的协调方面，鉴于"一国两制"的实施是关系到中国基本国家安全利益的重大问题，澳门特别行政区在涉及 WTO 所规定的事项时，应以不损及"一国两制"的落实为前提，而不是"一国两制"的实施必须以不损及 WTO 为前提。

（二）国家安全与自由贸易的冲突和协调

对国际贸易组织的多边贸易体系造成最大挑战的问题之一是如何平衡自由贸易和国家安全之间与日俱增的冲突。从中国在美国的直接投资到欧盟为空中客车（Airbus）提供的补贴，从高科技领域的贸易壁垒到发展中国家的农业政策，这一问题影响到了世界的方方面面。

多数国际贸易协定都允许缔约国可以在涉及国家安全或其他"基本安全利益"问题时不必遵守条约给它们规定的义务。例如，作为 WTO 法律文件之一的《GATT 1947》明确规定，"本协定的任何规定不得解释为：(a) 要求任何缔约方提供其认为如

---

① 《GATT 1947》第二十一条，安全例外。

披露则会违背其基本安全利益的任何信息；或（b）阻止任何缔约方采取其认为对保护其基本国家安全利益所必需的任何行动"①。但由于极其复杂的原因，这些协定却都没有明确界定国家安全或其他"基本安全利益"的范畴，这意味着国家安全或其他"基本安全利益"的概念实际上是由缔约国根据自己的理解和具体国情通过本国法律予以界定。

在冷战时期，主导多数国际贸易协定草拟和解释事宜的是西方发达国家，它们有相同或相近的政治理念及价值取向，也存在极大的共同利益，对国家安全或其他"基本安全利益"的概念也有相似的理解。当时苏联、东欧国家集团和中国等"社会主义阵营"的国家，基本上实行计划经济体制，对以资本主义市场经济规则为核心的这类国际经济贸易协定，存在疑惑甚至抵制态度，极少参加上述国际经济贸易协定，而是另行组织社会主义阵营的经济贸易共同体并签署相应的经贸协定。至于对国家安全或其他"基本安全利益"的概念的理解则与西方阵营存在明显的差异。

自从苏联、东欧阵营发生剧变以来，情况出现明显变化，东欧前社会主义国家都已经放弃其计划经济体制，日益融入了国际多边贸易体系，俄罗斯也正在申请加入 WTO。中国则通过艰苦努力，在付出相当大代价之后，已经成为世界贸易组织（WTO）的成员国。如果再算上新加入 WTO 的沙特阿拉伯以及渴望加入的伊朗等伊斯兰国家，WTO 这一全球性贸易组织的成员国在政治、社会、文化价值和利益取向上正日益呈现多元化趋势。这意味着冷战期间在处理国家安全和国际贸易之间关系

---

① 《GATT 1947》第二十一条。

时常常体现出的那种心照不宣的模糊性如今已未必能继续适用。

实际上对国际自由贸易可能与国家安全出现冲突的顾虑并不仅仅是发展中国家才存在。恰恰相反，基于国家安全的理由而对外来投资进入某些关系国计民生的领域做出限制的行动，发端于西方国家。最新一个显著例证是中国能源业巨头"中海油"对美国加州联合石油公司的收购最终因美国方面的干预而未能实现。美国国会出于所谓能源安全的理由而对这一收购的激烈反对最终迫使中海油选择了放弃，这一事例可以使人们清楚地认识西方发达国家如何通过对国家安全做宽泛解释，干预国际间贸易和投资流动。

作为负责判断外国对美国直接投资是否对美国国家安全产生影响以及影响程度的机构，美国海外投资委员会（CFIUS）所扮演的角色也因此而为人们所了解。该委员会有权在外国对美投资已经发生的情况下对其进行审查，并有权在不提供任何补偿的情况下下令撤资。从中海油投资案可以看出，美国海外投资委员会仅凭一己之力就能阻止外国在美国的潜在敏感领域进行投资。中海油曾试图要求美国海外投资委员会对其竞购加州联合石油公司案进行快速评估，以免此事久拖不决。但美国海外投资委员会拒绝了这一要求，从而使中海油与其竞购对手雪佛龙公司（Chevron）相比处于不利境地。在其他案例中，任何有可能被美国海外投资委员会审查的交易都会使潜在的外国投资者退避三舍。一旦美国海外投资委员会启动了审查程序，投资者就有可能放弃竞购。2003年香港和记黄埔有限公司对环球电讯（Global Crossing）展开了竞购，而美国海外投资委员会在审查该投资案时针对和记黄埔与中国政府的联系提出了含有敌意的疑问，香港和记黄埔有限公司被迫放弃竞购。

当然，美国并不是以国家安全为理由阻挠外国收购和外资准入的唯一发达国家。法国政府于 2005 年 12 月 31 日颁布了一项法令，规定政府有权阻止外国机构获得法国 11 类企业的控股权。禁止收购的企业不仅包括国防设备生产商，还包括赌场。事实上，除加拿大以外，八国集团的其他成员国包括德国、意大利、日本、英国和俄罗斯在内，都存在以国家安全为由对外国投资进行限制的法律，也都有这方面的案例。而加拿大目前也正在草拟监督外国对加拿大投资的法律。法律草案中也含有授权监管机关基于国家安全的理由对外资进行限制和管制的内容，并且没有对国家安全的具体含义予以界定。

目前，对于在何种情况下可以国家安全作为法律理由规制国际贸易和投资的自由流动，以及如何进行合理的限制才能达到既能维护国家安全和其他"基本安全利益"，又不会损害国际经济贸易的发展，不仅发展中国家和发达国家难以达成共识，甚至西方发达国家内部也无法完全达成一致。不过，无论有着共同的政治理念和价值取向的西方国家，还是文化差异极大的中国、沙特阿拉伯（今后可能还有越南、伊朗）等发展中国家，都同意国家安全或其他"基本安全利益"可以作为限制国际自由贸易或投资的理由，并且都致力于确立自由贸易和国家安全之间的平衡。

发展中国家对国家安全的重视也是有目共睹，由于历史上曾饱受战乱频仍、社会动荡以及殖民压迫、经济勒索之苦，发展中国家普遍将社会秩序、政局稳定和经济独立视为国家安全的主要方面。此外，为防止跨国公司利用技术优势和资本优势，通过自由贸易和投资，控制可能影响国家安全和国计民生的行业及领域，一些发展中国家采取了许多管制措施。中国政府2003年时要求所有在华出售无线局域网设备的外国公司都必须使用名为WAPI的本土加密技术，这意味着外国公司必须从政府指定的一些中国公司那里获得使用这一技术的授权，而它们以前则可以免费使用名为无线保真（Wi-fi）的同类技术。这一规定使一些外国公司大为光火，它们指责中国出台此项措施的目的就是为了使中国国内企业受益，并使中国本土开发的这项技术在规模达数十亿美元的无线局域网设备市场上成为国际标准，属于贸易保护主义。最终，经过慎重考虑，中国政府"临时"推迟了这项政策的实施。巴基斯坦、乌干达等发展中国家在拓展国家安全的定义方面也不甘落后，它们在最近结束的多哈回合全球贸易谈判中声称，食品安全"与国家安全和国家主权有着密不可分的联系"，并认为"食品不安全"会导致"内部混乱和不稳定"。基于WTO的国家安全免责原则，为了防止国家的食品供应太过依赖外国，它们会继续维持对进口农产品的贸易壁垒。从上述事例中可以看出，对国家安全做出较宽泛的定义可以多么轻而易举地威胁到多边贸易体系。基于"基本安全利益"而免于遵守WTO规则的原则也被一些国家用做了实施贸易保护主义和推出扭曲性贸易政策的借口，这在投资、进口和在境外实施出口限制方面都有体现。

　　事实表明，价值观相同的国家间通过达成非正式谅解和举行双边谈判的方式使这一问题的危害性降到最低的时代已经结束了。美国、欧盟和中国等国际贸易体系的重要组成部分目前急需要做的是，应该对国家安全理由可以在多大程度上干涉商业活动设定一些各方公认的限度和准则，允许各国根据本国国情将共识准则通过本国法律具体落实，并以协商方式妥善处理相互之间的分歧。

（三）博彩业法律监管与澳门安全

实际上，《澳门特别行政区基本法》中已经明确提出了"澳门特别行政区安全"的概念。《澳门特别行政区基本法》有关行政长官职权的条款规定，"根据国家和澳门特别行政区的安全或重大公共利益的需要，决定政府官员或其他负责政府公务的人员是否向立法会或其所属的委员会作证和提供证据"①。这一条款虽然并未直接阐释"澳门安全"的定义，但反映出立法者要求澳门特别行政区行政长官在履行职责和行使职权时必须将澳门安全作为最重要的考量因素。在涉及澳门特别行政区博彩业的法律和政策中，也必须充分考虑澳门安全这一《基本法》中的重要法律价值。澳门安全与国家安全既相互联系又有所区别。澳门安全是指作为实行高度自治的地方实体的澳门特别行政区在政治、经济、社会、文化、秩序等诸多领域保持良好的状况与和谐以及动态平衡。澳门安全的衡量指标涉及社会稳定、经济繁荣、人群和谐、文化发展、民主法治、秩序良好等诸多领域。澳门安全是作为主权国家的中国国家安全的重要影响因素，但两者不在同一层次，也不是简单的部分和整体的关系。

博彩业作为澳门的主要支柱产业，不仅对澳门的经济发展影响巨大，而且由于其所提供的税收占澳门政府收入的3/4以上，又影响到澳门政府的正常运作和功能的实现，还对澳门社会保障、教科文卫等公共事业的发展、土地和自然资源保护以及澳门广大普通居民的收入和生活水平具有决定性的作用。WTO协定也规定，其任何规定不得解释为阻止任何缔约方采取或实施与

---

① 《中华人民共和国澳门特别行政区基本法》第五十条第（十五）项。

保护可用尽的自然资源有关的措施，如果此类措施与限制国内生产或消费一同实施，或为保护公共道德所必需的措施。澳门特别行政区与所有博彩承批公司签署的《澳门特别行政区娱乐场幸运博彩或其他方式的博彩经营批给合同》专门规定，"承批公司必须确保因经营所批给业务而透过租赁或批给获提供或将获提供的、按照《澳门特别行政区基本法》第七条规定由政府负责管理的土地及自然资源得到保存"①。可见，博彩业能否实现健康、有序、可持续地发展对于澳门安全至关重要。正因为如此，《澳门特别行政区基本法》才会明确规定，"澳门特别行政区根据本地整体利益自行制定旅游娱乐业的政策"②。这一条款的立法意图正是要求澳门特别行政区在制定旅游娱乐业政策时一定要以本地整体利益为考量的最基本因素。而澳门本地整体利益的核心是澳门安全，没有澳门安全作为保障，澳门的其他利益，包括澳门人民的正当合法权益都失去了赖以存在和实现的基础。

实际上，博彩业多元化后澳门已经出现一些值得注意的、可能影响澳门安全的问题。首先，博彩业的多元化引发与博彩相关的利益集团之间全面对抗的可能性不可忽视，对未来澳门政治的影响可能是始料未及的。2005年的澳门特别行政区的第三届立法会选举就表现出了一些先兆。在一些利益集团的动员下，2005年立法会选民登记空前踊跃，自然人选民比2001年立法会选举增加了38.05%，已登记法人选民数目则较2001年增加44.8%③。

---

① 澳门特别行政区与承批公司签署的《澳门特别行政区娱乐场幸运博彩或其他方式的博彩经营批给合同》第四十二条第二款。
② 《中华人民共和国澳门特别行政区基本法》第一百一十八条。
③ 中新网2005年6月16日《澳门立法会选民登记踊跃——新增六万选民》。

Ⅳ 澳门有限开放博彩业许可制条件下的法律监管

未来2009年是澳门的"二合一"选举年,既要进行第三届行政长官选举,又要进行第四届立法会选举,而2009年选举的具体办法,包括选区划分、功能组别细化,乃至《基本法》所确定的选举办法是否需要修改的决定,都与第三届立法会密切相关。与博彩业相关的利益集团在2005年第三届立法会选举中就已经有所动作,包括一些高层管理人士都积极参选。这显示未来澳门政治中与博彩业有关的利益集团的冲突与协调问题将成为重大的问题。

其次,澳门博彩业多元化之后,相关利益集团也开始对澳门法律、行政法规尤其是与博彩业有关的法律、行政法规的修改施加有利于切身利益的影响。澳门原来的法律将赌场的借贷行为视为犯罪,只是在执法层面实际上对"放数"(高利贷)、"叠码"以及赌场直接借钱给赌客等赌场借贷行为采取不制裁的做法。2002年博彩业实行多元化,永利公司在得到赌牌许可后,立即向澳门政府提出希望通过立法明确规定赌场借贷合法,永利公司认为既然澳门政府在政策上和实际执法过程中允许借贷存在,并且也通过立法将博彩中介人纳入法律监管范围,加上除高利贷以外的赌场借贷行为也存在其现实合理性,从实行法治的角度看,明确立法使赌场借贷行为合法化较之法律禁止、实际许可的方式更为妥当。这显示出习惯于西方法治模式的外资公司已经开始运用其资金优势迫使澳门博彩业经营逐渐走向规范化、国际化的道路。尽管部分外资企业要求澳门修改相关法律的真正目的可能是另有所图,但是其运用法律维护自己利益、规范市场、降低进入澳门博彩业的风险与成本毕竟是符合法治趋势,对于澳门人情大于法和灰色地带过多的传统具有很强的冲击力。

再次,虽然目前澳博公司作为澳门本地的民族企业,仍占据市场80%左右的份额①，但是外资企业金沙的盈利率已达31%，而澳博的盈利率只有11%，可见外资博彩公司的发展势头迅猛。况且博彩业在竞争中规模不断扩大，未来一段时间，如果外资博彩公司所占份额超过澳门本土公司所占份额，很可能会引发民族主义情绪。众所周知，澳门博彩业的发展，除了自身努力的因素外，还有中央政府通过"自由行"、限制内地机构介入等措施，默许内地人进入澳门参与博彩活动的"输血"行为。博彩业是一个高回报、低风险的行业，内地对澳门的输血行为，根本目的在于有利于澳门的可持续发展、有利于澳门的人民生活水平提高、有利于澳门安全。如果输血的利益被外国企业过多地转走，就会导致与上述目的相悖的结果，甚至反而对澳门有害，这势必会引起各方面的不满。加上，澳门民间存在着一定的忧虑，认为目前博彩多元化进来的外资基本上是美资，一旦澳门博彩业的大部分份额为美资企业所占有，就意味着美国的利益集团间接地控制了澳门的经济命脉，这在一定程度上不仅不利于澳门的安全，甚至还不利于中国的国家安全。尽管我们不应因为惧怕开放的风险而谨小慎微、画地为牢，但也不能盲目乐观，以为单凭澳门本土企业几十年的积累和自我完善、创新就能够在竞争中抵御外资的打压和冲击。

博彩业是澳门旅游娱乐业的核心行业，一直是澳门旅游娱乐政策的重点规制对象。在制定有关博彩业的政策和法律时，当然要考虑博彩业运营主体、从业人员、关联利益主体以及政府税收等问题。但是，这些问题都必须以不妨碍澳门安全为前提。一旦

---

① 从2004年的博彩收益看，本地公司澳博占据市场份额的85%，金沙占8%，银河占7%。

Ⅳ 澳门有限开放博彩业许可制条件下的法律监管

个别利益主体的利益需求存在可能危及澳门安全和澳门的整体利益的倾向，就必须通过法律予以限制。需要强调指出的是，澳门是一个实行法治的社会，所有基于澳门安全而对博彩业进行的规制都必须由法律加以规定，或由经法律、行政法规授权的行业协会通过行业自治规范加以规定，而不能依赖确定性较差、透明度不高的潜规则。

在这一过程中，根据《基本法》的规定，维护澳门安全和整体利益的法律义务主体首先是澳门特区行政长官和政府。所以，澳门特区行政长官和政府将会面临比以往更为艰巨的挑战，既要推动澳门社会、文化以及本地博彩业的现代化进程，又要调和、化解现代化发展带来的社会矛盾；既要为澳门博彩业乃至各行各业创造公平竞争、机会均等的宽松环境，又要坚定地捍卫澳门的安全和整体利益。只有在"一国两制"的条件下，严格按照《基本法》行事，并在此基础上，仔细考虑国际经贸法律与协定的各项规定，才能做好相关工作。

三 完善澳门博彩业监管法律制度

在"一国两制"的条件下，中央对于澳门对外开放以及保持自由港地位持积极支持的态度，澳门《基本法》明确规定："企业所有权和外来投资均受法律保护。"[①] "澳门特别行政区实行自由贸易政策，保障货物、无形财产和资本的流动自由。"[②] 因此，特区政府在不影响澳门安全和本地整体利益的前提下实行

---

① 《中华人民共和国澳门特别行政区基本法》第一百零三条第三款。
② 《中华人民共和国澳门特别行政区基本法》第一百一十一条。

博彩业多元化并将外资引入博彩业，并不违反《基本法》，问题的关键是根据博彩业多元化的情况，进行适当而有效的法律监管。

（一）外资进入博彩业带来的问题只能通过依法监管予以解决

实际上，外资进入澳门博彩业以来发展迅速。威尼斯人集团旗下的拉斯维加斯金沙公司（Las Vegas Sands Corp.），在获得赌牌后，仅用了短短13个月时间就迅速在澳门建起华都、金沙两个赌场酒店。2004年5月金沙赌场在澳门开业后，就以其设备先进、管理高效以及品牌优势抢占市场份额，并很快异军突起在澳门博彩业中争得一席之地。金沙以过去澳门博彩业的弱项——赌场大厅（"中场"）为突破口，收获颇丰。以金沙娱乐场2006年第二季度的获利情况为例，它并未受到澳门整体博彩收入增速放缓的影响，几乎是全面丰收，共收入3亿美元，较2005年同期增长52.7%，比2006年第一季度增长了10.3%，市场份额也持续扩大，约占澳门第二季度博彩业收入的19%。2006年3~4月份，金沙的员工总数为6400人，8月初已经增加到7400多人。金沙公司还决定将在澳门金光大道赌场地区增加投资25%，增到100亿美元。金沙董事长兼总裁阿德尔森还宣布，该集团将投资20亿美元在澳门的新型赌博中心金光大道地区修建一座6000间房的饭店[①]。永利度假村新赌场于2006年9月6日凌晨开始营业。永利的开业预示着最初拿到澳门三张赌牌的澳博、银河、永利三家博彩业公司正式全面"开火交战"，未来可能

---

① 2006年9月6日《中国时报》。

IV 澳门有限开放博彩业许可制条件下的法律监管

成为全球最大赌城的澳门的博彩业"战国时代"真正拉开了帷幕。

博彩业多元化、竞争的引入还带来了人们所期待的服务设施及服务水平的大幅提高,并推动澳门博彩业整体经济水平的提高。博彩业多元化以来,澳门博彩业收入大增。以与博彩业收益正相关的政府博彩业税收为例,2003年的博彩收益比上年增加34%,2004年外资博彩公司在澳门正式营业后,博彩业收益的增长幅度达44%,自金沙在澳门开始营业后,游客对澳门赌场设施的满意比例从2003年的23%上升到2004年的48%[①]。服务满意程度由2003年的27%上升至2004年的45%。不仅澳门的GDP因之得到高速增长,而且就业率也得到增长。2002年澳门的失业率为6.3%,2004年就下降为4.1%。

事实证明,外资进入博彩业对于澳门是机遇与挑战并存。准许外资自由进入博彩业,并不意味着对外资在博彩业经营中的行为以及外资的流动不可以进行严格的法律监管。这种严格的法律监管也不会影响吸引外资和外资企业的发展。美国的内华达州和新泽西州对博彩业的法律监管一直极为严格,但内华达州的拉斯维加斯和新泽西州的大西洋城的博彩业收益均超过400亿澳门元,与澳门的博彩业收益相仿。可见,加强法律监管不仅不会妨碍澳门博彩业的发展,相反,可以规范博彩业的运营,建立公平竞争机制,避免恶性竞争,并将博彩业引入健康发展的轨道。况且外资对澳门博彩业原有的一些极具本地特色的行规并不熟悉也不接受,只有依法监管,在法治的轨道上解决问题,才是长久之计。

[①] 曾中禄:《内地自由行游客分析》,载于《澳门理工学报》2005年第2期。

（二）澳门博彩业监管法律改革应当立足区情借鉴外来制度

在澳门完善博彩业监管法律制度的改革过程中，吸收和借鉴其他国家和地区的成功做法是必然的，也是必要的，问题在于以什么样的指导思想来从事这项工作。澳门过去实行博彩业垄断专营制度，很多行业规则不是以法律规范的形式存在的，在实行有限开放博彩业许可制的条件下，需要进行相应的规范形式转换。在这方面，已经长期实行多元化格局下依法监管博彩业的国家和地区所积累的成功经验自然是参考借鉴的首选。由于目前澳门博彩业有限开放许可制度以后主要的外来资本是美资，加上拉斯维加斯和大西洋城等世界知名赌城均为美国模式的成功典范，所以无论来自利益集团的压力还是实践范例的吸引力都必然要求澳门参考借鉴美国有关博彩业法律监管模式。然而，澳门政府的决策者必须清醒地认识到，博彩业是极为特殊的行业，不同的国家和地区所具有的不同情况对本地博彩业的发展模式具有极其重要的决定性影响力。相应的，法律规制模式也必须适应这种差异性并以之为存在和运行的基础，早在葡萄牙统治时期，当时的澳门政府在确立博彩业专营制度及相关规制模式时，就充分考虑了这一因素，他们并没有因为澳门是葡萄牙管制下的地区，就将葡萄牙的相关法律制度和规制模式简单照搬至澳门，而是根据澳门自身的特点及周边的环境不断摸索、逐渐形成了符合澳门特殊情况的规制模式，这也是澳门博彩业能够得到连续稳定发展的重要原因之一。目前虽然澳门博彩业已经不再实行垄断专营制度，转而实行有限开放的体制并积极引进以美资为代表的外来资本，但是，澳门博彩业所赖以存在的本地特殊环境并未出现根本性变化。这

Ⅳ 澳门有限开放博彩业许可制条件下的法律监管

意味着,澳门在进行博彩业法律监管制度改革过程中,仍然必须坚持从本地实际出发,充分考虑澳门的特殊情况,为澳门博彩业量身定做法律规制体系,而不能简单照搬美国模式或其他外来模式。尽管在某些领域,参考借鉴甚至移植外来法律可能有利于逐渐克服澳门原有的一些弊端,使澳门博彩业得到进化并提升发展层次,但是,不能够将其作为一般性规律和改革模式,否则相关的法律改革极有可能由于无法适应澳门本地的生存土壤和环境,导致既不能革除流弊又干扰和破坏其他机制的正常运转。一旦出现这种情况,相关改革就很难得到良好的实施。例如,博彩中介在澳门博彩业中是集多种功能于一身的重要角色,他们介绍赌客给赌场使赌场获利,向赌客贷款以解赌客的燃眉之急,这些都使赌场的投注额增加。除此之外,带赌客进行其他消费,使赌客的欲望得到最大的满足,亦使赌场外的消费行业从中得益,使博彩业成为澳门旅游业中的龙头产业,并使其他行业受惠。他们通过与赌客兑换筹码所得利益收入也是应得的,而因他们的存在,赌场收益及政府博彩税收入的增加额却是数以倍计。澳门在有限开放博彩业许可制以后制定的有关博彩业中介的法律,主要参考了美国的相关制度,而美国的相关制度是建立在美国博彩业中介者主要为赌场的中场服务,从业者无论在资本还是社会关系等方面均与其他行业中介者差异不明显的实际情况基础上的。相反,澳门长期以来由于复杂原因形成博彩业中介者主要是为赌场的贵宾厅服务,无论其财力还是社会关系都远远不同于美国的博彩中介者,按照美国模式制订的博彩中介相关制度势必导致以下两种情况之一,即要么历史形成的澳门多数本地博彩中介因无法适应新的法律而不得不退出相关领域,导致澳门原来特有的贵宾厅模式逐渐瓦解;要么原有博彩中介采取"上有政策、下有对策"的对策,以符合相关法律所要求的资质的人员充当傀儡,成为名义上的从业者,而实际上则由真正的老板躲在幕后进行操控,规避相关法律。无论出现上述任何一种情况,相关法律制度所要实现的完善发展澳门博彩业的目标都必定会落空。美国或其他国家的博彩业监管法律制度不仅根植于本国的文化传统,受制于本国经济、社会发展水平,而且与本国的政治体制、宪政架构、公务员素质、司法传统密切相关。这意味着,很多具体的制度设计之所以能够在实践中充分发挥作用,离不开上述环境因素,一旦这些制度被移植到另外一个完全不同的生存空间,就可能不仅发挥不了积极功能,反倒产生副作用,犹如入侵生物不仅不能改善环境,反而带来新的生态问题。此外,由于澳门目前博彩业的主要从业者是澳门居民,主要消费者中内地居民比重逐渐增加,双方均不熟悉美式法律,且存在较大的语境差异,澳门本地的法律实务界亦不了解英美法,又不像香港有长期的普通法实践积累和专业人才储备,如果以美国相关法律制度为蓝本进行澳门博彩业监管法律制度的改造,势必困难重重。因此,澳门博彩业法律监管制度的完善和发展必须坚持从本地实际出发,尊重历史、尊重现实的指导思想,适当借鉴和参考包括美国制度在内的其他国家和地区的相关制度。

(三) 确立公平竞争机制促进社会和谐

确保博彩业的发展不至于危及澳门的产业平衡及导致恶性竞争,是完善法律监管的首要任务之一。澳门博彩业开放后,博彩业迅速膨胀,对其他产业产生排挤效应。首先表现在与其他产业争夺人力资源。在澳博独家经营时,从事博彩业的员工不到 1 万人，而 2004 年底，已增加至 21264 名①，相当于同期澳门就业人口的 9%。按各大博彩公司的规划，到 2009 年将新增职位空缺 3 万人。澳门目前劳动人口只有 23 万，失业人口不到 1 万人。如果考虑到现在已经存在的博彩业职位空缺数，届时澳门博彩业需要从其他行业吸引就业人口 3 万人。这意味着澳门博彩业必须通过高薪延揽人员。据澳门政府公布的统计数据，截至 2004 年 12 月博彩业全职员工平均薪酬 10730 澳门元，其中还未包括年终双薪、年终赏金、花红及各类奖金②。这一数字远高于当年澳门各行业平均月薪酬 5590 澳门元。澳门许多中小企业的中高等技术职员，包括会计、秘书或行政管理人员等大量流向博彩业。金沙开业后，其配套餐饮业又挖走中小餐饮业的从业人员，造成餐饮、酒店等行业的员工短缺。由于就业人口供不应求，博彩业招工标准一再降低，澳博专营时期，博彩业招工的学历要求为高中以上，现在降低至初中学历，部分博彩公司甚至将学历标准降至小学毕业。这对澳门的居民受教育程度的冲击极大，赌场一般服务人员月收入接近 1 万澳门元，若升为荷官则底薪就会在 1.2 万澳门元以上。而大学本科毕业后，就职其他行业月薪也只有 6000 澳门元左右，"弃学从赌"在青少年中成为风气。初中学生的流失率超过 15%。长远而言，妨碍澳门人口整体素质的提高。考虑到澳门就业人口中受过高等教育的比率偏低，仅为 16.2%，这一趋势继续下去，势必危及澳门的整体利益。如果不建立相关的职业准入标准和防止恶性竞争的规则，澳门博彩业就无法健康发展。

---

① 《澳门博彩业空缺》，载于 2005 年 3 月 31 日《澳门日报》。
② 《澳门博彩业空缺》，载于 2005 年 3 月 31 日《澳门日报》。

澳门面积狭小，虽然由葡萄牙统治400多年，但长期实行葡华分治，社会相对封闭，本地华人的文化观念改变不大，社会矛盾大多能通过协调机制予以处理，过去由于长期的专营，从事博彩业的员工，其社会保障部分依靠公司，并且就业稳定性有保障。外资进入博彩业后，管理经营理念和方式与澳门本地企业截然不同，金沙开业后曾招收员工5000多人，随后在很短时间内就淘汰了1000多人。这种讲求效率、讲究个人能力的、严格按照市场规则优胜劣汰的经营方式，与澳门本地公司讲究人情、论资排辈的做法大相径庭。这就产生了如何建立和完善社会保障机制的问题。从博彩业多元化后的实际出发，今后澳门应当立法完善社会保障机制，改变传统的员工与公司的依赖关系。

博彩业还对澳门地区社会发展负有积极作为的法律义务。澳门《娱乐场幸运博彩经营法律制度》规定，承批公司有义务"每年拨出不超过其博彩经营毛收入2%之款项予一个以促进、发展或研究文化、社会、经济、教育、科学、学术及慈善活动为宗旨之公共基金会；每年拨出不超过其博彩经营毛收入3%之款项，用以发展城市建设、推广旅游及提供社会保障"[①]。澳门特别行政区与银河娱乐场股份有限公司以及永利度假村（澳门）股份有限公司签署的《澳门特别行政区娱乐场幸运博彩或其他方式的博彩经营批给合同》都规定，"承批公司必须向批给实体缴纳一项相当于博彩经营毛收入1.6%的拨款，该项拨款将交与一个由政府指定的，以促进、发展或研究文化、社会、经济、教育、科学、学术及慈善活动为宗旨的公共基金会

---

① 《娱乐场幸运博彩经营法律制度》第二十二条第一款第七、八项。

运用"①。"承批公司必须向批给实体缴纳一项相当于博彩经营毛收入2.4%的拨款，用以发展澳门特别行政区城市建设、推广旅游及提供社会保障"②。

（四）强化博彩监察部门的独立性和权威性

在澳葡当局统治时期的澳门政府行政架构中，博彩监察协调司是隶属经济事务政务司下的一个司，在目前澳门特区政府的行政架构中，博彩监察协调局仍是隶属经济财政司，其地位并不独立。从博彩业在澳门的影响力以及博彩业监管的实际需要考虑，澳门博彩监察机构的地位应转变成一个独立管理委员会，其成员由行政长官提名，澳门立法会多数议员同意予以任命，由立法会单独拨款。从行政管理学的角度分析，设立独立行政管理委员会的目的一般是为了规制某一方面的经济活动或社会活动，需要执行公平的政策，不受政治的影响，所以法律给予它们一定的独立地位和待遇。从组织法的角度看，独立的行政管理机构可以分为三类：第一，隶属政府的行政部门的独立管理机构。此类独立管理机构的成员由行政部门的首长任命，不能完全摆脱部门首长的政治影响，但是法律、法规通常给予其很大的独立行政权力，在一定的范围以内可以单独地决定政策，部长首长不能否决其决定或否决权受到较大限制。第二，隶属于政府首脑的独立管理机构。这类独立管理机构不受政府具体行政部门的控制，完全独立

---

① 澳门特别行政区与银河娱乐场股份有限公司以及永利度假村（澳门）股份有限公司签署的《澳门特别行政区娱乐场幸运博彩或其他方式的博彩经营批给合同》第四十八条第一款。

② 澳门特别行政区与银河娱乐场股份有限公司以及永利度假村（澳门）股份有限公司签署的《澳门特别行政区娱乐场幸运博彩或其他方式的博彩经营批给合同》第四十九条第一款。

行使职权，但是其成员由政府首脑任免，不能摆脱政府首脑的政治影响。设立这类机构或出于避免行政监管工作受具体行政部门的传统习惯束缚的考虑，或者由于其职权职责具有跨部门的性质。第三，由立法机关设立而独立于政府的独立管理委员会。这类机构和上述两类机构最大的不同，是它们不隶属于政府或行政首脑，在对政府或行政首脑的关系上具有独立性质，可以避免前两类机构不能超脱于政府或行政首脑的弊端。在上述三类独立管理机构中，前两类机构仍然受制于政府。行政首脑或部门首长对独立管理机构管辖的事务可以要求其提出书面意见并进行监督，对其成员或负责人有任免权，除法律有特别规定以外不受限制。其独立地位在很大程度上受到行政首脑或部门首长的钳制。但是，第三类独立管理委员会因独立于政府及其行政首脑，具有很多优点。首先，权力混合。独立管理委员会同时行使立法、行政、司法三种权力。独立管理委员会拥有准司法权，对违法行为具有裁决权力，行使准司法权的机关必须不受外界影响，行使准司法权力不受外界干扰的关键问题是设立程序保障裁决机关的隶属关系不占重要地位。其次，地位超脱。独立管理委员会管辖事务具有专门性质，由专家处理，可以摆脱政府的政治影响。行政首脑和政府对独立管理委员会委员不能任意罢免，这就确保委员做决定时不受政治影响，可以按照专业知识客观地处理问题。独立管理委员会的独立性主要是针对政府而言，在受议会和法院的制约方面，独立管理委员会和其他行政机关没有本质区别。行政首脑对独立管理委员会的控制力受到很大的限制，行政首脑对于独立管理委员会的委员，不能像对待行政部门首长一样任意免职。再次，独立管理委员会以合议制方式单独决定政策，不对行政首脑和政府负责，政策具有一贯性。独立管理委员会的独立地位得到法院的支持。政府钳制过强会严重影响政策制定过程中对不同权利的考虑和保护，不同行政首长对同一问题的看法和立场不同，容易出现政策因人而异的弊端，从市场经济发展和合理预期的需要考虑，保持政策的一贯性是独立管理委员会的首要任务。独立管理委员会采取合议制，一切决定需要多数委员同意，容易保持政策的一贯性。从美国的经验看，内华达州和新泽西州的博彩管制机构均属独立管理委员会，能够保证博彩业的发展摆脱人为因素及不受不同政党执政导致政策转变等政治因素的影响而保持政策的一贯性，也有利于强化博彩监察机构在行政架构中应有的独立地位和权威性。针对澳门开放博彩经营权的现状，设立独立管理委员会，改变现在博彩监察协调局在行政架构中地位偏低和无法实现监管中立的状况，对于今后澳门完善的博彩法律监管具有重大作用。

除了完善博彩业监管机构外，澳门还应当尽快建立或完善博彩业行会和从业人员工会。过去澳门实行博彩业垄断经营制度，不需要成立行会，随着澳门有限开放博彩业许可制，尤其是外资进入博彩业，传统的自律方式已经不能适应现实需要。监督博彩业的机制应包涵两方面内容即自律和他律。监督博彩业的"他律"，主要体现为行政监管和司法监督。行政监管在很多发达国家和地区中受到法律较严格的限制，按照目前的趋势正逐步向缓和行政监管的方向发展。司法监督是国际通行的监督方式。博彩业经营主体在法律许可的范围内有不受外来干预自主决定其经营行为的权利。但当博彩业经营主体侵害了国家、公民和法人的合法权益时，它就是在滥用权利了。这时受害者有权向司法机关起诉，寻求司法救济。在司法诉讼中，当事人诉讼地位平等，可以充分阐述自己的论点和证据，由司法机关居中依法裁判。"自律"，从国际惯例来看，主要体现为行业公会和从业人员工会的自律活动。行业公会和从业人员工会应由业界自下而上产生，与官方保持着一定的距离，也为业界所尊重，其自律行为是与维权行为协调进行的。澳门应当尽早建立或完善行业公会和从业人员工会，并高度重视博彩业行业公会和从业人员工会的作用，使其真正成为博彩业自律和维权的组织，进而形成自律与他律有机结合的有澳门特色的博彩业监管制度。

澳门公共行政之评议

黎祖智[*]

---

[*] 作者：黎祖智，澳门国际研究所所长。

一　序言

在澳门，私营部门具有举足轻重的作用，必须维持严格的财政纪律，必须拥有与正确的吸引投资政策相配套的税收制度。这样一个社会里，高效的公共行政是一个基本的战略要素。

在澳葡政府行政管理的最后几十年中，公共行政部门的作用对于本地区的良好运行和成功过渡具有决定性的意义。无数事实已经证明，决策的效率取决于公共行政机构的素质，因为，正是这些机构运用自己的能力和平衡精神将政府的战略方针变为现实。面对过渡时期的挑战，行政体系起到了中流砥柱的作用，行政体系善于整合自己各个方面的权限，展现了自己的协调能力，为在已经确定的进程中尽可能平稳地、不出意外地向澳门特别行政区的政府转移执政责任做好准备，在完全遵守葡萄牙和中华人民共和国签署的协议和没有对民众造成损害的情况下完成了复杂的任务。

完全实现上述愿望是履行这一使命的最终目标，为此目的，当时澳门动员了公共行政的全部架构。行政架构的绝大多数部门都做到了不辱使命。

然而，值得一提的是澳门的公共行政过去是在完全不同的背景下建构起来的，它所遵循的理念、它的运作模式和规则与澳门特别行政区的成立以及初期运作所形成的政治—行政新现实格格不入，因此，可以预期澳门特别行政区政府的首要任务就是使公共行政适应新的现实,然而,实际出现的情况是,当时人们的期待是如此之高,并且也存在着实行广泛行政改革的条件,但是,无论是在重新确定宏观的行政架构方面,还是在修订职业规则和人力资源管理方面,政府所采取的措施力度太小、迟缓拖拉、零散细碎,脱离了大背景,且缺乏全局意识。

历经将近八年,特区政府才起草了一份题为《2007~2009年度公共行政改革路线图》的指导性文件,成立了一个"公共行政改革统筹委员会",从政策决策的层次到相关领域的政策咨询的统筹及确定执行计划等方面与公共行政改革咨询委员会配合,同样还将设立一个工作小组以"执行和跟进在公共部门进行的公共行政改革"。

这是一份充满理论思考和良好愿望的文件,以行政的方式将战略目标与政府施政的局部路线混为一体,并确定了改革的意图:"在促进澳门整体社会可持续发展的前提下,创设一个良好的制度环境,不断提高各级公务人员的业务技能、管理水平及承担意识,弘扬廉洁风气,依法及高效运用公共资源,准确体现民意,从而强化特区政府的整体施政能力,提供高质素的服务,促进市民综合生活素质的全面提升,建立和谐、稳定、进步的社会,确保'一国两制'在澳门成功落实。"

按照改革的宏观规划,将建立一个由行政长官自己担任主席的政策咨询层面的统筹架构和另一个由主管行政的司长担任主席的决策、咨询和执行层面的架构。这是一项长期的改革规划,因此可以预见的是,直到现任行政长官任期届满,这项改革规划实质上也难以完全实现,所以,被公认为澳门特别行政区最紧迫的行政目标之一尚有待进一步努力。

二 《公共行政改革路线图》

这份约有 40 页的公共行政改革指导性文件指出了澳门特别行政区政府成立之后在此领域所采取的为数不多的措施；澳门特别行政区政府所面临的主要经济和社会挑战；施政工作的整体目标；《改革路线图》的结构性因素和"思路"；改革的宏观规划，尤其是政策、规范和组织能力；必须解决的内部和外部的紧迫问题；着眼于改革和急需解决的社会问题而提出的法律体系完善计划及在施政领域准备进行或完成的法案名单；2007～2009 年度公共行政改革的执行目标，其中提及与行政管理直接相关的措施和政策的统筹、咨询及评估机制以及《改革路线图》的切入点和起点。在文件的最后部分，提出了改革的关键因素和改革规划 34 条措施及其相应的目标之概要图，涉及政策的咨询、决策和评估；政策的执行、组织规范的制度；组织架构、人事架构；财政事宜、程序和技术，旨在进行正确的内部行政管理，以提升组织能力。

改革规划的目标概括如下：

（1）建立一个功能性政策咨询网络，并在制定政策的互动过程中，逐步提高愿意参与公共事务的公众、公共行政部门和社会团体的参政能力，以求不断完善；

（2）设立高品质的公共服务网络，第一时间向公众提供有关政府和行政部门的资讯；

（3）全面改革组织制度，并设立一个财政管理、人员管理和政策咨询机构，组织架构运作完善的法律机制；

（4）优先重组与城市建设、环境保护、人力资源输入和社会与社区发展等职责有关的组织架构；

（5）改革人员管理的程序和强化公务人员的操守；

（6）不断加强各级领导及主管人员制定行政管理政策和决策的能力，使他们恰当地行使自己的权限，为自己的失误承担相应的责任，接受公众的监督并对公众负责；

（7）提高公职人员的素质，提高他们的活力；

（8）促进财政资源的有效运用和加强财政监督；

（9）增加工作程序的透明度，以满足打击腐败的需要；

（10）增加行政部门内部及部门之间合作的行政程序的透明度。

正如人们所评述的，这份公共行政改革的指导性文件过于理论化，基本是属于理念性的。由于在具体的实际层面效力很小，需要制定相应的补充指引，除了必须要实施的内容和已经指明的目标之外，应明确指出每项措施应该如何实施和在何时得以实施。

许多即使已经载入改革规划的34项措施其提出的方式也过于空泛，需要逐条详细阐述，以便使人们了解方案的意义，甚至因为其提出如此迟缓，其实施不可避免地将延伸到现任行政长官的第二届任期之后。这些措施是：

（1）重组政策咨询架构，扩大咨询的范围与成员数目，促进公众对咨询工作的参与，提高政策的决策及执行的透明度；

（2）建立有意参与公共行政改革咨询的公务人员的资料库；

（3）建立有关机制，扩大社会积极参与政策讨论的程度；

（4）在现有基础上进一步完善城市环境保护以及社会安全的政策咨询网络；

（5）完善政策咨询网络的运作；

（6）成立政府资讯中心；

（7）成立分区市民服务中心；

（8）全面评估公共服务质量（服务承诺认可及市民满意度）；

（9）构建由分区市民中心、政府资讯中心及网上电子服务组成的公共服务网；

（10）一般公务人员的管理及廉政，公务人员的义务与价值观、职程、培训、调动、离职、问题调解及晋升等；

（11）中高级公务人员的问责与廉政、领导及主管人员通则、主要官员通则等；

（12）公共部门设置的原则；

（13）招聘、调解与纪律处理机制；

（14）全面修订公务人员的福利制度；

（15）检讨咨询网络的运作，建立完善的政策咨询制度；

（16）建立与政策咨询网络互动的政策决策与执行架构。从政策咨询、决策与执行三个层次建立公共行政改革的中央统筹架构：①重组公共行政观察站为公共行政改革咨询委员会；②设立公共行政改革统筹委员会；③于各局部门设立适当的执行与跟进机制；④重组行政暨公职局，并与各部门的执行与跟进机制一起，构成政策执行之统筹网络；

（17）合理配置交通、教育、人力资源输入、医疗等职能，并重组相关部门；

（18）启动对澳门特别行政区政治架构、政府宏观及微观组织的研究，并委托专业机构对整个行政架构的职能进行评估；

（19）按照社会的需求及发展，进一步调整职能及重组相关部门，包括理顺城市建设及与其相关的环境保护、社会福利及社区发展等职能；

（20）在培训课程中加强行政伦理道德教育，以及"以人为本、为民服务、勇于承担"的公仆精神等内容；

（21）与廉政公署合办包括采购程序及廉洁操守等一系列课程；

（22）建立公务人员的联系交流平台，已开设"公务人员网站"；

（23）配合政策咨询的改革，开展强化政策制定、决策能力及行政管理的培训；

（24）从规、进、管、退四个方面，着手完善公务人员的综合管理机制；

（25）配合已运作的公积金制度及评核制度，全面推进或拟定奖励、职程、晋升、培训、调动、招聘、调解与纪律、创意及人员任免的规划；

（26）建立培训中心，对培训课程的设置、内容及资源进行检讨及整合，制定系统规划方案，并配合整体公务人员管理改革的启动，开展相应的培训活动；

（27）以公平合理、重绩效、重承担为原则，评估及检讨新制度的运行并提出改善措施；

（28）研究预算及公共会计制度改革；

（29）检讨及完善采购制度；

（30）建立市民与政府互动的电子架构，推动 e-Pass 与政府间互动的电子化；

（31）推动行政运作与管理的无纸化；

（32）配合架构重组及市民服务中心发展的需要，优化跨部门行政程序；

（33）推动管理流程电子化；

（34）配合架构重组及市民服务中心发展的需要，完成相关程序的优化。

　　显而易见，以上许多措施仍然仅仅表达了意向、意图或目标，并没有提及实现这些措施的方式，缺乏真正的行动计划。

　　除此之外，在这份冗长的清单中，并未优先考虑明显极为关键的两项措施。其中之一甚至应该是任何公共行政架构性改革的起点：重新定义组织架构，即重新定义宏观架构，可能意味着部门的撤销或合并，各个公共机构权限和职能公平合理的重新划分和正确的运行，以及随之带来的对人力资源的再度影响。

　　另一项措施关系到民间社会在为了发展而建立的官民伙伴制度下对施政工作的更大参与。听取民间社会的意见和为此目的设立咨询机制是远远不够的。任何现代政府，只要认同社会的关注和愿望，了解民间社会最具代表性和最活跃的机构的能力，就会希望和重视他们的参与，不仅表达意见，而且特别是在最广泛的有效执行政策和实施工作中与政府一起分担责任。诚然，澳门长期以来在此方面有已被广泛证实的成功经验。在社会工作领域，在大多数情况下，民间机构按照已经确定的政策和政府的实质财政资助成功开展许多工作，他们能够比政府做得更多，成本更小。遗憾的是这种经验并没有被推广到其他领域，并且这种意图没有明确地在《公共行政改革路线图》的措施中得到表述。

　　行政长官在其公开讲话中表达了民间机构更大程度和更有效参与施政的愿望，然而，其他领导人似乎未能理解，更没有维护这种愿望。这种愿望对于公共政策的成功是绝对不可或缺的。行政长官2007年11月13日向立法会提出2008年政纲时，再次强调了这种参与的重要性。

三 2008年公共行政领域的主要工作

行政长官在提出2008年施政报告时，指出了以下与政府的运作和提高管治水平有关的优先工作：

——政府将更加注重强化施政能力，用显而易见的施政成果，体现施政的承诺和水平；

——按照《2007～2009年度公共行政改革路线图》，加快展开改革的进程；

——作为改革进程的第一步，建立高层次的公共行政改革中央统筹机制，全面优化政策的统筹、咨询及评估机制；

——通过强化行政财政管理制度中涉及公共资源运用、涉及市场运作的廉政机制，全力打造一个品格更加健康、受严格伦理标准约束的廉洁政府；

——通过相关法律的修订和推行，对各级领导及主管人员，从制度的、纪律的层面，全面强化具强制性、追究性，而非仅具自觉性的问责规范和要求，并以延伸性的制度，确保离职官员在一定的时间内，为公共利益遵守法律规定的义务，全力打造一个向公众做出更大承担的责任政府；

——鉴于政府已经基本完成了公务人员一般职程制度，以及包括保安部队在内的各项特别职程制度的修订，相关法案将于近期送交立法会审议；

——经过对整体形势的综合分析，政府决定明年把公务员薪酬的起薪点数由55元调升至59元，有关法案也将在明年适时连同增加公务员津贴方案一并提交立法会审议；

——政府将加强公务人员培训工作的中央统筹，并且招收高素质的师资队伍，以满足政府施政的内部和外部的需要，从而符合加速转型过程中的社会要求；

——深入拓展社区化的民生服务，逐步扩展"市民服务中心"的服务范畴，以确保跨部门的合作与协调；

——继续优化和推进澳门特别行政区的法律改革，使澳门特别行政区的各种重要的核心价值在法律体系中得以体现，同时确保公共行政改革稳妥无碍地进行，用"以人为本"的精神，为广大市民的安居乐业提供法律方面的条件；

——将全力进行涉及市场行为和商业利益，尤其涉及各种公共批给及其监督方面的法律改革，力争清除容易在行使公共职权中滋生腐败行为的灰色地带，全面到位地在公共行政的各个方面强化公平、公正和公开的原则，从而使有关的法律成为维护社会公义和提高行政伦理价值的利器；

——在创制或修订有关法律的过程中，将进一步兼容国际的通行性和本地的适应性、可执行性，为此，将进一步深入听取民众的意见；

——针对司法人员人手紧缺的问题，政府将以更大的力度，在质和量方面全面推进司法人员的培养工作，并且作为补充手段，将与法院、律师公会互相配合，通过修订有关法律，设立一个可行的机制，聘用本地合资格的法律专业人士，担任司法官工作；

——在打击腐败的工作中，将采取国际反腐败机构建议的措施，采取行动消除社会的急速发展可能滋生的腐败的因素，扩大廉政公署的法定权力，并将监察的范围延伸至私人领域；

——同样将加强和扩大廉洁价值的宣传工作，使廉洁的原则贯穿和深入到日常的工作之中，与全体澳门居民一起携手共建更为廉洁的社会；

——政府和民间真诚配合、互动互补是澳门成功落实"一国两制"原则的重要因素。因此，政府将继续扩大民意咨询的渠道，全力推动公众对公共事务的民主参与，在此基础上筹组"分区社区服务咨询委员会"，并且在民政总署社团的配合与干预下，促进政府与市民之间的直接对话。在对话过程中，民政总署将率先优化"社区座谈会"的功能，相关领域的领导及主管级官员的参与程度亦将逐步提高；

——政府将继续强化对社团的支持。政府确信，政府、社团和公众在建设澳门的公民社会的共同目标中是利益相关的伙伴。在双方合作的范围内，政府将指示属下的相关机构弄清哪些是自己应该负起责任的领域和哪些是社团干预效果更好的领域；

——同样将创造条件积极推动民众的公民教育，尤其是青年人的公民教育，并且为此应该设立专门的机构。

以上就是行政长官向立法会提交特别行政区政府2008年实质性施政报告中所宣布的措施概要。密切跟进和关注此事的人可能将会得出这样的结论，这是一份基于近八年的施政经验，较之以往施政报告更为完整、连贯和全面的报告。先前的若干施政报告形式上只不过是零散想法的拼凑，其中部门政策的各个章节由不同人负责起草的烙印清晰可见。因此，起草一份连贯性的，包括对前一年工作的总结，对行政工作的错误与不足的清醒和冷静的反思，并直接提出对2008年政府工作的概括和对整体及部门重点的分析的报告的努力是值得欢迎的。

上述措施对于改善公共行政的运作至关重要，它使公共行政更加贴近民众。在澳门特别行政区的建设过程中，公共行政应该与民众建立有益的伙伴关系。如果这些措施能够在2008年得到贯彻落实，还有时间在未来的数年内恢复因高效实行公共行政改革出现的滞后。

遗憾的是其他高级领导人一直没有能力按照行政长官的意愿和澳门特别行政区的需要确定更早进行行政改革统筹措施，自澳门特别行政区开始运行之初，他们一直不懂得启动架构性的措施，而这些措施是不可拖延的。历经八年，他们基本上还在善良愿望的大海中航行，以寻找可靠的终点港湾，可靠的终点港湾已经在地平线上依稀可见，现在已经可以更为自信和更为坚决地朝此迈进。

在此领域取得的成果即使相当有限，但以实现大力宣传的"电子政府"为目的电子化方面的艰苦努力，一套新的公务员评价系统的引入，在接待公众和向公众提供资讯方面出现的某些改善，对人员的培养持续不断地关注和某些新的部门设立等这些都是值得正面评价的。

四 承认施政工作中的失衡和不足

在起草提出政策或介绍成绩的官方文件中的最大错误一般在于掩饰错误、否认失误和将过去的工作描述得天花乱坠。因此，行政长官在提出2008年施政报告中找到了过去数年中施政工作所出现的某些失衡和不足之处，这是值得欢迎的。行政长官不仅明确指出了这些错误，而且直截了当地予以承担，并就"施政经验"阐述了以下内容：

特区过去的八年，为特区的今天与明天，带来了无比丰富的启示。这里需要特别指出的是，特区的很多成就，都是在社会演进过程中有关问题和矛盾有所暴露，引起市民和政府深切关注，并合力做出化解之后，才得以实现。由此深刻地说明，特区的发展进步，使我们得以解决原有的社会问题，亦必然会使我们遇到全新的问题。不少问题，客观上不可预测，不易做出未雨绸缪；有些问题属短暂出现，有些问题则长期存在。只要我们警觉到问题很可能积少成多，并了解到自身经验的不足，我们就会高度重视，积极面对，并以必须的代价，去加以处理。因此，问题的解决，不但是可能的，更是必然的，这已经由我们八年的经验给予证实，并将由我们今后的实践不断证实。澳门特别行政区亦将在接受未来不断的考验过程中，奋力取得可持续的和谐发展。

特别行政区成立以来，一直以发展经济为突出的要务，以期扭转回归初期社会经济低迷的局面，同时实现新的经济增长与繁荣。这一施政方向和策略，适应基本的社会形势，具有广泛的民意基础。然而，在推行过程中，由于未有充分把握一些重要的主客观因素，使经济发展和其他事务范畴的发展之间，呈现出不平衡、不协调的情况，亦使经济的发展相对平面化，立体感有待加强。

我们吸取的重要经验，就是当发展的机会前所未有地到来之时，发展的挑战同样是前所未有的。甚至，挑战先于机会，我们必须首先克服挑战，才能获得机会的分享。经济的发展，确实能够提供克服挑战的条件，但这些条件必须借由主观的努力，并取得多种因素的配合，才能发挥有效的作用。

对于一个相对传统的社会，带着有限的适应能力，极其迅速地接受现代化转型和发展的洗礼，造成同一空间之内两个不同时代板块的碰撞，从而形成快速积累的社会矛盾，我们的估计，以及预防和疏导工作，均有所不足。同样，我们过去长期习惯于依赖法定程序运作，未能在法制上、伦理上和施政操作上加固人性的防线，未能具备足够的科学分析能力，从而在施政成效和廉政建设方面受到了深刻的教训。此外，我们在相当程度上，依然让施政停留在技术层面而未能提升至政治层面，用技术手段来试图解决技术本身难以覆盖的、复杂的政治问题。最后，当不同的矛盾、不同的问题各自发展到一定的地步，就会迅速地互为影响、互为催化，产生连锁式的滚雪球效应，对政府和社会都形成一定的冲击和损害，与此相关的经验，揭示出我们在施政上全盘驾驭社会新的发展形势的洞察力，以及尽早做出积极举措的能力，还有待大提升。

施政的经验也启示出，只要我们对市民的各种需要，有更多的感受和关切，用官民之间的积极互动来加强施政的透明度，从而加固双方的互信基础，我们的工作就能减少失误，做得更好。

对于以上经验，我们将继续深入地反思、总结，陆续克服各种主客观的障碍，在今后的施政中给予最大的改善。

这种清醒谦卑的姿态对于纠正失误和正确地解决澳门特别行政区的问题具有决定性意义。如果各个层级的所有领导人员都善于学习仿效，那将是善莫大焉。只有如此，公共行政才能以更高的效率和更大的透明度运行。还应该鼓励他们开辟更多的与市民对话的渠道，学会接受批评，不把批评视为个人攻击或解释为对其行使职责的不正当的干涉。在此方面，还有很长的路要走。

五　澳门特别行政区的政治架构

澳门特别行政区的政治架构规定在《基本法》第四章，该章的第一节规定，澳门特别行政区行政长官是澳门特别行政区的首长，依照本法规定对中央人民政府和澳门特别行政区负责。该节还规定了行政长官的权限，规定行政会是协助行政长官决策的机构，澳门特别行政区设廉政公署和审计署，两者均向行政长官负责。

第二节涉及行政机关，规定澳门特别行政区政府是特区的行政机关，下设司、局、厅、处。澳门特别行政区政府的职权是制定并执行政策；审理各项行政事务；处理本法规定的中央人民政府授权的对外事务；编制并提出财政预算、决算；提出法案、议案，草拟行政法规；委派官员列席立法会会议，听取意见或代表政府发言。行政机关可根据需要设立咨询组织并在以下方面对立法会负责：执行立法会通过并已生效的法律；定期向立法会做施政报告，答复立法会议员的质询。

根据第三节的规定，澳门特别行政区的立法机关是澳门特别行政区立法会，其职权是：制定、修改、暂停实施和废除法律；审核、通过政府提出的财政预算以及审议政府提出的预算执行情况报告；根据政府提案决定税收以及批准由政府承担的债务；听取行政长官的施政报告并进行辩论；就公共利益问题进行辩论；接受澳门居民申诉并做出处理；在行政长官严重违法或渎职的情况下，可委托终审法院院长负责组成独立的调查委员会进行调查；在行使上述各项职权时，如有需要，可传召和要求有关人士作证和提供证据。立法会设主席、副主席各一人，由立法会议员互选产生。目前立法会有议员29人,其中12人为直选议员,10人为间选议员,7人由行政长官任命。

根据第四节的规定,审判权由澳门特别行政区的法院行使。特区法院独立进行审判,只服从法律,不受任何干涉。澳门特别行政区设立初级法院、中级法院和终审法院。

澳门特别行政区初级法院可根据需要设立若干专门法庭,澳门特别行政区也可设立行政法院,管辖行政诉讼和税务诉讼。

各级法院的院长由行政长官从法官中选任。

第四节还规定,澳门特别行政区检察院独立行使法律赋予的检察职能,不受任何干涉。澳门特别行政区检察长由行政长官提名,报中央人民政府任命,检察官由检察长提名,由行政长官任命。

《基本法》有50条用来规范该章前四节提及的这些机关的运作,以连贯的逻辑性规定了它们的职权、运作和相互的关系。在这类关系中和在行使相关职权方面出现的最突出的问题与修改和废除总督先前根据《澳门组织章程》明确赋予其的授权所颁布的法令有关。直到1999年12月19日一直生效的《澳门组织章程》规定,立法会是立法机关,但也赋予总督对除立法会专属权限事宜之外的任何事务进行立法的权限。法令具有与立法会通过的法律相同的效力。然而,《基本法》并没有赋予行政长官这样的权限,行政长官仅仅只能根据第五十条第五款的规定"制定行政法规并颁布执行"。这些行政法规并非等同于法律,因此,同样不能等同于或相当于总督的法令。

《基本法》第四章同样有一节共两条涉及市政机构,规定澳门特别行政区可设立非政权性的市政机构,受政府的委托为居民提供文化、康乐、环境卫生等方面的服务,并就有关上述事务向澳门特别行政区政府提供咨询意见。

当澳门特别行政区成立之际，澳葡政府行政管理遗留下来的两个市政机构仍然在运作：临时澳门市政局和临时海岛市政局（直到1999年12月19日，正式的名称是澳门市政厅和海岛市政厅）。澳门特别行政区政府通过第17/2001号法律撤销了这些机构，并于2002年1月1日成立了民政总署，接受了这些机构的职责，并增加了其他一些责任，例如，统筹关注和处理有关民生方面的事务，规划和执行公民教育活动，以及辅助民间组织、在社会和社区的各个领域提倡睦邻精神等，通过接收和处理社会民生方面的诉求，更有效地为市民解决生活上实际出现的问题。民政总署由管理委员会、咨询委员会和监察委员会组成，其中管理委员会为执行机构，由一名主席、两名副主席和最多五名委员组成。管理委员会下设12个部级直属单位（相当于澳门特别行政区行政架构中的厅级单位），12个部级直属单位分别是：质量控制部、市民事务办公室、技术辅助办公室、文化康乐部、卫生监督部、建筑及设备部、道路渠务部、交通运输部、行政辅助部、财务资讯部等。12个部级直属单位下设38个处级单位。

民政总署除自身就是一个庞然大物之外，还是下属单位数量过多在组织架构方面处置不当的典型。这意味着主管官员的倍增和公务员人数的膨胀以及相应的运行效率的减少。另一方面，造成与其他公共机构的职责重叠也是显而易见的。

在中央与澳门特别行政区的关系方面，在特区设立并运行的有三个官方机构：中央人民政府驻澳门特别行政区联络办公室、外交部驻澳门特别行政区特派员公署和中国人民解放军驻澳门特别行政区部队。

六　行政管理的组织架构及其运作

澳门特别行政区政府是澳门特区的执行机关，行政长官是执行机关的首长。

澳门特别行政区现设五个司，其排列顺序如下：行政法务司、经济财政司、保安司、社会文化司和运输工务司。各司设司长一人。当行政长官短期不能履行职务时，由各司司长按照排列顺序临时代理行政长官职务。

除了各司司长之外，廉政专员、审计长、警察部门及海关的主要负责人均是澳门特别行政区的主要官员。主要官员由在澳门通常连续居住满15年的澳门特区永久居民中的中国公民担任。

五位司长在以下施政领域行使职权：

一、行政法务司司长：公共行政；民政事务；法律翻译及法律推广；国际法事务；社会重返；民事及刑事身份资料；登记及公证体系的指导及协调；《澳门特别行政区公报》的制作等。现任行政法务司司长为陈丽敏，其属下有以下公共部门和机构：法务局、身份证明局、印务局、国际法事务办公室、民政总署、法律及司法培训中心和法律改革办公室。

二、经济财政司司长：财政预算；工业和商业；博彩监察；货币、汇兑及金融体系，包括保险业务；公共财政管理和税务制度；统计；劳工及就业；职业培训；社会保障；消费者权益保护。现任经济财政司司长为谭伯源，其属下有以下公共部门和机构：经济局、财政局、劳工事务局、博彩监察协调局、社会保障基金、退休基金会、消费者委员会、财政资讯办公室、中国与葡语国家经贸合作论坛常设秘书处辅助办公室、人力资源办公室、澳门贸易投资促进局和澳门金融管理局。

三、保安司司长：澳门特别行政区的内部治安；刑事侦查；出入境控制；海上交通及有关罚则的监察；民防；监狱体系的协调及管理和海关事务。现任保安司司长为张国华，其属下的公共部门和机构有：澳门保安部队事务局和澳门特别行政区海关、治安警察局、司法警察局、澳门监狱、消防局和澳门保安部队高等学校。保安部队事务局是在澳门特别行政区成立之后按照《基本法》的规定设立的负责指挥和领导治安警察局和司法警察局的一个规划和咨询机构，于2001年10月开始运作。同样根据《基本法》的规定，澳门海关于2001年11月开始运作。

四、社会文化司司长：教育；卫生；社会工作；文化；旅游；体育；青年事务。现任社会文化司司长为崔世安，其属下的公共部门和机构有：卫生局、教育暨青年局、文化局、旅游局、社会工作局、体育发展局、高等教育辅助办公室、旅游学院、澳门格兰披治大赛车委员会、东亚运动会、葡语国家运动会和亚洲室内运动会组织委员会（相关账目结清后将撤销）、澳门大学和澳门理工学院。

五、运输工务司司长：土地整治；交通管理及航空器和港务；基础建设及公共工程；运输及通讯；环境保护；经济房屋及社会房屋；气象。现任运输工务司司长为刘仕尧，刘仕尧曾任民政总署管理委员会主席，他取代了2006年12月因贪污罪被起诉遭解职和逮捕的前任司长欧文龙出任运输工务司司长，其属下的公共部门和机构有：土地工务运输局、地图绘制暨地籍局、港务局、邮政局、地球物理暨气象局、房屋局、基础建设发展局、电讯暨信息技术发展办公室、环境委员会、能源业发展办公室和民航局。

其他一些不属于司长管辖、直接与行政长官办公室联系的公共机构有：新闻局、可持续发展策略研究中心、个人资料保护办公室、澳门基金会、澳门驻欧盟经济贸易办事处、中国澳门驻葡萄牙经济贸易代表处、澳门特别行政区驻北京办事处和澳门驻世界贸易组织经济贸易办事处。

一如以上所述，除了这些各种各样的公共部门和机构之外，还有廉政公署和审计署，这些机构对于在公共行政中维护廉洁和促进正确行使职责是非常重要的。

局级单位或相应的机构包含厅和处还可设科和组，这在一个规模较小的公共行政中实际上体现为数量可观的领导和主管官员。仅仅这一事实要求对形势做出一个客观、全面和不受拘束的重新评价，以使架构更为灵活，减少不必要的领导人事负担和增加部门的效率和反应能力。

另一方面，必须以大局观重新确定公共部门及其权限和职责。公共行政的架构改革应该成为这项基本任务的出发点。

从广义上讲，经过了八年时间，除了《基本法》规定设立的或源于对《基本法》解释而产生的机构之外，澳门行政管理的组织架构仍然是从澳葡政府行政管理继承而来的组织架构，例如民政总署就是这种情况。有些部门可以撤销，有些部门可以合并，存在着权限或施政领域重叠的现象，这些都必须予以解决。同样有些多年以来一直等待重组的重要部门依然踌躇不前、办事拖拉，丝毫无助于公共行政的良好形象和效率的改善。遗憾的是在此方面一直缺乏进行一次适应澳门特别行政区发展需要的真正改革的技术能力。

在逮捕了前运输工务司长之后，一个在2006年风头十足的机构是廉政公署。该机构多年来进行的教育工作功不可没，促进了正确行使公共职责的行为。由于问题的严重性，欧文龙的案子在澳门引起了巨大的震动，并在全世界引起了反响。香港新闻界极为严厉和颠覆式地抨击这种处理事件的方式影响了澳门的良好形象。同样公共舆论有一种普遍的看法，不能将此案视为一个孤立事件。所以，当行政长官宣布将把廉政公署在此方面的权限扩大延伸到对私营部门不法活动的调查时，受到了普遍的欢迎。由于在同时行使私营和公共职责时可能存在的模糊性，存在徇私舞弊和裙带关系和其他不法情况，应该对此予以特别的关注，应该在行政长官的领导下和廉政公署的干预下对此予以更加严厉的清查和打击。

前司长欧文龙的被替换不可避免地造成此领域工作的放缓，此领域的活力本来是显而易见的。其继任者将以加倍的谨慎恢复工作的进度。在大家的全力支持下，他将可正确地履行自己的使命。关于2007年政府的投资计划预计将减少30%。

在对前司长欧文龙的审判过程中在询问证人时所透露的一个最令人担心的情况是确认了土地工务运输局的领导和主管人员反复实施了行政违法行为。根据新闻界的报道，证人透露，正是司长本人决定公开招标的中标人，相关部门则按照司长的意志修改基础文件。一个高级领导人可以凌驾于法律之上，其属下的其他领导和主管官员可以完全逃避履行自己的义务和责任，任何这类想法都应该受到严厉的抨击。无论如何，应该撤换那些已经被反复证明无能或实施不当行为的领导和主管官员。榜样往往来自上面,如果领导和主管官员不在行为举止上率先垂范,一个公共机构不可能公正、恰当、透明和廉洁地行使自己的职责。

由议员和自己的社团所代表的并受到新闻界支持的民众的要求将愈来愈高,所以公共部门和机构日益需要懂得回应民众寄予他们的巨大期望。另一方面,澳门的迅速发展同样每天都在对行政管理提出新的挑战,正如行政长官在立法会提出 2008 年政府施政报告时所明确承认的那样。公共行政的良好运行必须成为执政者和其他高级领导人的绝对优先的关注事项。

七 澳门特别行政区的人力资源管理

在过渡时期直至澳门特别行政区成立,澳门政府的人数在数量上基本稳定在 1.7 万人左右,包括领导和主管人员、编制内人员、散工、编制外人员,也包括保安部队人员和政府成员办公室的人员。考虑到在联络小组范围内反复表达过的意见,稳定公务员人数一直是时刻关注的问题。在人力资源管理方面,那是一个非常困难的时期,因为,当时公务员本地化的进程与葡聘人员分阶段返回葡萄牙同时进行。随着要求在 1999 年前脱离公职的公务员逐渐离开公职,他们或者要求提前退休或者选择纳入或加入葡萄牙共和国的编制。在一个相对较短的时期内,数以千计的公务员的情况发生了变化,与此同时,培训工作逐步加强,为了在 1999 年 12 月之前完成本地化,越来越多的本地公务员进入公共机构。领导和主管的位置也逐渐被准备继续为澳门特别行政区服务的本地公务员所占据。

在此时期正式设立的某些公共机构,比如澳门大学和澳门理工学院，它们继承和接受东亚大学的员工。东亚大学过去是私人性质的机构，其所有的师资或行政管理人员均是以私法合同制度聘用的，他们不属于公职人员的编制，这种局面一直持续至今。

根据行政暨公职局收集的统计数据，2003～2007年间，公务员的人数从17496人增加到19340人，年增比例2002～2003年为0.74%，2004～2005年为1.61%，2004～2005年为2.65%，2005～2006年为3.88%，直到2007年9月新的增加比例为3.05%，总人数达到了19340人。如果设立新的部门，对一些部门进行重组，满足已经提出的多项增加人员要求的话，在未来的数年中甚至会超过这个数字。值得注意的是，这些数字并没有包括那些以个人劳动合同、私法合同、包干合同和定期合同在公共机构提供服务的人员，他们并没有严格被定义为公务人员，从而扭曲了为澳门特别行政区公共行政部门服务的工作人员的实际数目。

澳门特别行政区经济快速发展的后果之一是需要公共部门有迅速高效的反应能力，这就迫使各个公共机构增加公务员的人数。同样，设立新的部门和增加人员编制，对澳门特别行政区的公共行政的宏观架构进行调整是一项尚未实施的极为重要的任务。不对澳门特别行政区的公共行政的宏观架构进行调整，通过撤销机构或与其他类似机构合并，通过重新划分职权和职责合理分配人员和减少主管官员，公共行政内部人数的不断地不成比例地增加将是不可避免的。很多部门裁减冗员不但是可能的，而且是人们期望的，其中很多部门成本很高，其所从事的多种工作如交由民间组织完成效率会更高，更具有可持续性。分清这类工作易如反掌：集市、会议、节庆活动、演出、展览、特定事件的纪念日的纪念活动、出版、文化和娱乐场所的管理和维护等等，这

V 澳门公共行政之评议

些工作首先消耗了领导和主管官员的注意力和精力。澳门的财富之一在于其社团的数目和种类，实际上存在于政府工作的所有领域，只要赋予它们必要的手段，它们可以承担许多为社区服务的工作和活动，与政府合作和帮助政府完成使命。在提供服务方面，还可采用委托私人企业的方式，比如收集垃圾就是一个非常成功的范例。一如所见，这样做负担较轻而效率则更高。因此，公务员的人数可能不会过度增加，甚至可能使现有人员重新分工，并使素质重新得到提高。

除了人力资源的管理通过分权的方式进行之外，要有一个公共部门进行研究，确定和促进一般职程所必需的培训工作，收集和分析统计数据，促进行政活动的现代化，统筹适用的法律制度和确定职业的入职，晋升的程序、规则和方针，行政运作的权利、义务及其他一般的内容。这项责任在于行政暨公职局，行政暨公职局拥有具有良好素质、恪尽职守的技术人员。然而，必须向行政暨公职局传达正确的方针，通过制定一项具有连贯性、可执行性、明确的界限和现实目标的计划，清晰地确定短期、中期和长期将要达到的目的。否则，将无法完成自己的使命和实现期盼已久的行政改革。

必须经常鼓励与公职领域的具有工会性质的社团进行对话。显而易见，这些社团的义务首先在于为公务员争取权利，并非任何时候都可达到社团与政府之间的步调一致。但是，他们对公共行政研究、改革和整体及局部的运作的参与是十分重要的。它们的贡献可能比表面上显示的更为重大。因此，鼓励这种对话是至关重要的，将它们视为政府的敌人是完全错误的。

另一种错误是相信大量增加下属单位和相应的主管人员可以改善统筹协调工作，提高部门的效率。2007 年 9 月，不少于 696

名公务员占据了领导及主管的位置（其中101人没有高等学历）。他们的任职采用定期委任制度，任用期届满，他们可能被替代，重新回到相关编制内的原职位。如果目的旨在改善公共部门的运作，恰当的做法是普遍推广并自然采用这种做法，而不考虑个人的复杂因素。领导和主管职务的任命是终身的，仅在严重违反固有义务的情况下才予以撤换这种想法应该破除。在此意义上，同样应该改变人们赋予公职的"管家"思想，一如变相的恋栈思维。最好增加领导人员的薪酬，并鼓励他们购置自己的居屋。众所周知，在欧洲，即使部长一般也没有国家分配的房屋。澳门有着一个庞大的供个人使用的官方车队，并配备身着制服、人数众多的司机，他们中的大多数没有其他职业，不分昼夜地长时期等候自己的"老板"，是否有这种需要也是颇有争议的。

同样需要修改入职的条件和标准，应该要求所有的负责人对入职保持严格性和公正性。2007年9月，几乎到了21世纪第一个十年的末尾，约有35%的人员的学历还等同于或低于九年级的学历，与此相对应的是，约有39%的人通过过去数十年的努力和到高等教育机构进行在职进修已经达到了高等学历。必须继续鼓励公务员获取更高的学术和专业学历。

通过研究行政暨公职局提供的数据，我们发现，截至2007年9月，11995名公务员为澳门本地人，5769人来自中华人民共和国，195人来自葡萄牙，1382人来自其他国家和地区。关于母语的情况，除了1471人指明葡语、72人指明英语和75人指明其他语言为母语之外，17631人指明粤语为母语，仅有92人指明普通话为自己的母语。在语言知识方面取得了明显的进步，18908人声称懂书面中文，18911自称会讲粤语，13217声称会讲普通话，8333人自称会讲葡语，11329声称会讲英文。用人最多的施政领域是保安司，拥有 7323 名公务员（37.86%），紧随其后的是社会文化司，拥有 4500 名公务员（23.27%），接着是行政法务司，拥有 2879 名公务员（14.89%）。倘若比例高达 90% 的澳门学校不是私立性质的，那么，社会文化司的人数将非常高，这是官民伙伴关系制度的另外一个成功的例子。

在选择公务员和主管人员上特别慎重、加强培训工作和正确地修订公职的一般制度将大大改善行政工作的全面运作。

八 公共行政方面人才的培养

出于当时情况的要求，培养人才是过渡时期最受关注的问题之一。当时通过了规范教育制度的立法，大大促进了高等教育的发展，1991 年通过收购和改造当时的东亚大学设立了澳门大学和澳门理工学院。东亚大学最初是一间私立大学，主要面向香港的需要。与此同时，鼓励东亚大学的旧业主运用远程教育的方法开创了一个新的教育项目，起名为亚洲国际公开大学（澳门）。公开大学与葡萄牙公开大学联手，并与许多其他海外知名机构包括上海电视大学建立了伙伴关系，为当时无法到高等教育机构学习的本地居民的后代提供了新的接受高等教育的机会，并给已经参加工作的其他人提供了又一个提高学术能力的恰当的和有用的工具。另一方面，葡萄牙天主教大学与澳门教会联手创立了一间名为澳门高等校际院校的新机构。起初，该机构仅仅设立了公认的高质量的研究生课程，随后逐步扩大了培养领域，开办了包括硕士课程在内的其他课程。除了其他一些在从地图绘制到航海、从卫生到电脑、从司法官的培训到翻译等各个领域进行技术和专业培训的中心和学院之外，另外一些机构比如保安部队高等学校和旅游学院，都圆满完成了自己的使命，在过渡时期培养和再培养了成千上万名年青人和公务员。

然而，澳门大学和澳门理工学院的工作具有特别突出的作用。它们通过自己的院系、高等学校和研究中心，为澳门已经提供了并将继续提供价值不可估量的服务。澳门特别行政区行政管理的许多高级官员都在这两个机构学习过，这两个包括两方面高等教育领域的机构在为特别行政区的起步培养干部方面是不可或缺的工具，并得到了葡萄牙的大学、特别是科英布拉大学提供的珍贵合作。

作为这些机构工作的补充，政府为到海外进修提供了数以千计的奖学金，与此同时，还批准了到中国内地某些大学学习的机会。

澳门特别行政区成立伊始就创立了一个新的机构——澳门科技大学，由于该大学得到了巨额的资助，引起了某些争议。同样为私立的中西创新学院亦被澳门特区政府认可为众多高等教育机构之一，政府在培养工作中可以更多地利用这些机构。

在为公共行政培养新干部方面，澳葡当局同样得到了葡萄牙国家行政学院和在北京的国家相关机构的合作。为了改善官方语文的知识，中华人民共和国和葡萄牙的许多大学为澳门的公务员专门设立了学习课程。在澳门当地，设备齐全和设施良好的行政暨公职局的下属单位公共行政培训中心组织了数以百计的短期培训课程，涉及许多议题和领域，提高和完善了公务员的知识，还有澳门高等教育机构在各自领域开展的其他工作，其中司法官培训中心（现在的名称是法律和司法培训中心）对未来的司法官进行了补充培训。过渡时期的人才培训是一项共同承担的责任。

澳门特别行政区继承了一整套公立和私立的教育和培训机构，其作用至今依然十分突出。无论对于私营部门，还是对于政府机构，其不可或缺性是显而易见的，它们能够向政府提供广泛和高水准的合作。在公共行政领域，关键是要善于与之建立必要的伙伴关系。

过渡期结束后不久，政府选择了在新加坡辅助培训公务员。成批的技术员、高级技术员和主管人员到这个在规划、组织和执行方面高效和在廉洁的信仰和实践方面举世著称的城市国家进修。毫无疑问，所受到的教诲是非常有益的。然而，实际情况是我们面临两种不同的行政管理模式，其法律制度和行政实践迥然不同。考虑到成本—效益的关系，对这类培训工作进行客观和公正的评价以便对实际的益处得出结论十分重要，弄清本地的机构自己是否能更有效地确保理想的辅助培训同样十分重要。

除了推动和统筹培训工作的进行，研究和分析公共机构的培训形势之外，行政暨公职局的责任是通过下属的培训处规划、设计公共行政的常设培训体系并统一执行工作。许多技术—专业培训、行政管理的专门培训或语言培训（普通话、广东话、葡语和英语）工作可以通过自己的架构和资源，即通过公共行政培训中心来进行。不过另外一些则需要众多的高级技术—专业培训机构的合作，这些机构已经为确保这类培训做好了准备，具备了条件。

尽管在公务员的学历（39.09%拥有高等学历）方面取得了进展，但仍有几乎35%的公务员的学历相当于或低于九年级，包括60人（8.62%）担任领导及主管的职务，其中有35人为科长，1人为组长，6人为处长，1人为厅长，1人为副局长，剩下的16人担任其他主管职务。不过，学历只不过是实质要求之一。

辅助培训对于胜任公职是不可或缺的。考虑到许多人的年青和缺乏经验，即使对于领导级的人员而言，这种培训也是极为重要的。他们自己应该做出表率，率先报名，因为其工作的成绩往往取决于自己受到的培养和培训的质量。澳门特别行政区的最高领导人应该要求他们经常努力提高自身的价值。

九　结论

评议不可避免地是一项尽可能客观进行的工作，但是其中某些主观的思考可能起到了主导作用。因此，并非所有的人会赞同其中所包含的所有看法的公正性。

本文无意针对任何人，恭维或颂扬政府的工作更不是这种性质文章的目的。如果出于这种意图，文章将不值得一读。每个人对已经做的工作都有自己大体上清晰的概念，也知道已经为澳门特别行政区的建立和巩固做出了许多工作。然而，如果能够明确指出同样在澳门特别行政区生活中留下烙印的错误、失衡和不足，未来只会做得更好。

统治者或管理者意识到或相信取得的成果可能更多，但是对于被管理者而言，即对于广大公众而言，他们真正关注的是结果，而不是良好的愿望、承诺和没有实际结果的努力。

本文努力寻求对澳门的公共行政提出一个非常一般性的描述，从而成为未来进行的专门研究和更为广泛和更为复杂的全面研究的起点。本文的观点源自对公共部门的深入思索和尽可能密切的跟进。同样，也听取了许多议员、公共部门领导人和技术人员以及与公共行政有关的协会的领导人和技术人员、社区领袖和匿名市民的意见。不幸的是存在着一种相当普遍的看法，在许多

V 澳门公共行政之评议

施政领域,公共行政整体上效率不高,远远没有满足澳门特别行政区的现实需要,与居民的期望和行政长官所制定的政策方向和意愿相去甚远。

自澳门特别行政区成立之后几乎已经过去了八年,才起草了一份重要的公共行政改革指导性文件。尽管存在上述不足,这是建设一个更为现代、高效、廉洁和与澳门特别行政区更为适应的公共行政的良好的起点。毫无疑问,这是统治者不可回避的意愿。

在距离特区运作首个十年届满还有两年之际,承认澳门特别行政区是一段不容否认的成功故事是理所当然的。在这里明确无误地实施了"一国两制"的原则,完全实现了"澳人治澳"的目的。

本地区"活跃势力"的注意力现在转到了继承接班上。"舵手"应来自私人部门,但有公共生活的经验,或者来自澳门特别行政区自己的干部队伍。挑选"舵手"以及任命未来的司长应该慎之又慎,有些现任司长可以留任或全部离任。在任何上述情况下,都存在具有担任这些高级职位适当历练和所需素质的人才。另一个值得深思的问题是弄清司长的人数是否应该限于五个(在澳葡当局管理期间不得超过七人),权限和责任范围是否应该严格确定或者应该将决定权留给未来的行政长官根据情况和执政团队成员的历练来决定。

提出见证的时刻就是澳门特别行政区生活的高潮之时,是确认《基本法》正确地确定了程序,机构顺利地在运行之际。一如行政长官在 2006 年 11 月向立法会提出施政报告时所指出的:"澳门市民必然越来越意识到:建构和谐社会,既是眼下的课题,也是长远的任务,需要我们这代人和以后几代人的努力奋斗；建构和谐社会，并非一项被动的、浮夸的政治工程，而是一项关系我们自身和千秋万代福祉所在的至关重要的历史使命。我们深信，广大市民一定能够在和谐社会的建设过程中不懈奋进，共享奋进的过程，共享奋进的成功。"对于这一成功，作为澳门特别行政区未来建设的最牢固的柱石，公共行政的贡献必不可少。

"澳门模式"的历史意义
——体现中西和平、和谐、共存、合作发展的应对机制

霍启昌[*]

---

[*] 作者：霍启昌，澳门中西创新学院副院长。

VI "澳门模式"的历史意义

一 前言

澳门（濠镜）文化是源远流长、博大精深的中华文化中不可分割的一部分。16世纪开始日渐兴旺的中西贸易和文化交流使位处南国海畔的澳门首当其冲地受到外来西方文化的影响，并成为早期中西文化交流的纽带和桥梁。

葡人是最早从海路于16世纪初到达中国的欧洲人，在16世纪下半期被容许入住澳门是由于务实的明代官员在16世纪下半期为了适应特殊历史环境和事件而逐步确定的涉外政策，以适应中国外贸、外交以及海上国防的实际需求：其一肯定海上对外贸易有利可图，是对国家、民生经济有利的，即认同外贸的实际经济价值可以允许，但必须管制；其二是认定有效的海岸防卫，防止西方人与内地不良分子勾结危害国安全是必要的，即肯定防卫国土，维护政权的重要。这一项政策导致务实的广东官员自16世纪50年代开始，制定了朝贡贸易制度之外与葡萄牙人进行等价贸易的政策，亦可说是首先容许一个经济文化特区，亦即容许"一国两制"的存在。这项政策来源于葡人到来揭开了世界市场尝试寻求与中国互动互利的一幕。

有关葡人东来被明地方政府容许入住澳门至"澳门模式"①

---

① "澳门模式"或"澳门方案"一词即英语"Macao Formula"，是本人首先于1977年在夏威夷大学完成的博士论文内采用："The Macao Formula: A Study of Chinese Management of Westerners from the Mid-Sixteenth Century to（转下页注）

· 155 ·

的策略形成过程,早已有专著论述亦早已广为国际学者认同[1],在此只需简略论述其中一些主要环节。

(接上页注①) the Opium War Period;" unpublished Ph. D. dissertation, University of Hawaii, 1978(以下称"The Macao Formula")。其后在以下本人论著中皆有论及。

  A. "Early Ming Images of the Portuguese" in R. Ptak (ed.), *Portuguese Asia: Aspects in History and Economic History (Sixteenth and Seventeenth Centuries)*, Heidelberg University, 1987, pp. 143 – 155;

  B. "The Macao Formula and Ming Debate on the Accommodation of Portuguese", *Revista de Cultura*, Nos. 13/14 (Special Issue), Cultural Institute of Macau, 1991, pp. 328 – 344 (以下称"The Ming Debate");

  C. 《香港与近代中国》, 香港商务印书馆, 1992;

  D. "The Macau Formula at Work", in *Estudos de História do Relacionamento Luso-Chinês, Séculos XVI – XIX*. Eds. António Vasconcelos de Saldanha and Jorge M. dos Santos Alves. Macau: Instituto Português do Oriente, 1996. pp. 219 – 234. (以下简称"The Macau Formula at Work");

  E. "The Macau Formula: How 400 Years of Luso-Chinese Interchange Began and Will Eudure", *Working Paper Series, The Center for Western European Studies*, University of California, Berkeley, No. 23, 1997, pp. 2 – 11;

  F. 《从澳门史认识试评鸦片战争成因》, 载广州《学术研究》(创刊四十周年纪念专号), 1998, 第 87 ~ 93 页;

  G. 《"澳门模式"与近代中国关系》,《香港与近代中国论文集》, 台湾中央研究院近代史所, 国史馆印行, 2000 年 5 月, 第 21 ~ 43 页(以下称"澳门模式");

  H. "Da Fórmula de Macau até à Política de 'Um país, dois sistemas' Perspectivas sobre o papel histórico e o futuro de Macau", in *Macau, Encontros de Divulgaçãoe Debate em Estudos Sociais*, Portugal, September 2000. pp. 149 – 160;

  I. "Western Science, Technology and Sinology and the Transformation of Portuguese Image in Late Ming", in *A História Tal Qual se Faz*, coord. Jóse d'Encarnação, Published by Faculdade de Letras da Universidade de Coimbra, February 2003, pp. 203 – 221;

  J. "The 'Macao Formula' in Crisis over the Quest for Spiritual Faith", in *Culture, Art, Religion: Wu Li (1632 – 1718) and His Inner Journey*, edited by The Macau Ricci Institute, Published by The Macau Ricci Institute, September 2006, pp. 33 – 67。

[1] "The Macao Formula",第 30 ~ 95 页;"澳门模式",第 28 ~ 38 页。

二 葡萄牙人来华与"倭寇"问题复杂化

葡人来华原是希望得到明朝皇帝御准建立正规的贸易关系,但葡萄牙并非明朝的朝贡国,明朝视之为荒服远人,难以和中国建立正规的贸易关系。其次葡萄牙人的兴趣只是做贸易,而不是像明朝的一些藩国那样进贡表示臣服。但真正令葡萄牙人难以建立正规贸易是他们自己的行径。[①] 葡萄牙人于 1511~1512 年侵占马六甲,实际已打破了明朝以中华为世界中心的秩序,破坏了以此为依归的常规外交和贸易体制的和谐。明朝视贸易为安抚附庸国的外交手段,因而只恩准忠诚的朝贡国加入"朝贡贸易"体系,任何企图扰乱和睦气氛的藩国都要被摈出这个贸易圈子。因而明朝政府明令禁止葡人借贸易为名进入任何港口。但禁止并没有使葡人止步不前。中国沿海各省的居民,急于牟取厚利,也有乐意同外国人勾通协作的。由于当时中央政府的监察和管理都付阙如,违禁贸易成为华人协作者同日本人之间的私人事务。这两个集团之间的武力冲突时常导致日本人在沿海地区的劫掠,使"倭寇"问题再次出现而且更加恶化。与此同时,葡萄牙人试图在广州与中国建立合法的贸易关系遭到挫折后,于 1523 年后开始参加福建、浙江沿海日本人及奸民之间的违禁贸易。这样,葡萄牙人便同嘉靖年间 (1522~1567) 一直猖獗的海盗、走私活动密切结合在一起,无法摆脱。所以,明朝政府在 16 世纪 50 年代称为"倭寇"的,实际上是私贩和侵略分子组成的一个国际性集团。[②]

[①] "澳门模式",第 23~25 页。
[②] "The Macao Formula",第 15~20 页。

明朝政府虽然也及时认识到问题的复杂性及它发生的根本原因，但这一认识只是渐次形成的。随着"倭寇"问题真正性质的判明，可以确定它有几个特点。第一，这个问题带来了对明朝的内部威胁，因为中国本身的不满分子（即沿海的世家和土豪以及私商）在带领日本人劫掠沿海地区中起了主要作用。第二，走私和海盗行为构成了"倭寇"问题的主要成分，必须同时对付。最后，明朝的海禁政策必须重新评价，因为上述走私和海盗行为在很大程度上是这个政策引起和促成的。从16世纪20年代起，明朝政府在40年代或更长的期间内被迫要对不断由"倭寇"问题引发的事件、情况和危机随时做出响应，致力寻找一道最终可以结束这种病象的药方。这确实并不容易，因为这样一项政策不仅要能根除走私和海盗活动，而且还必须为海上贸易、外交关系以及海上国防提供一种解决办法。明廷有一段时间对采取哪一种政策一直迟疑不决，原因就在于此。①

　　日本人和其协作者的海盗劫掠及走私活动在16世纪60年代中更趋激烈，从浙江向北扩展到江苏沿海，向南蔓延到福建、广东沿岸。在这个时候，各省均受到来自北京的压力，要对本地区内的国际性劫掠集团采取强有力的行动。广州官员也企图加强地方海岸守卫制度，但是他们心中却抱有另一个目的。从葡萄牙人被逐以后，广州与东南亚各国之间的贸易一直没有恢复以前的规模和重要性。贸易缩减的主要原因是一部分东南亚国家已落入葡人之手，而东南亚与中国的海上航道亦受葡人操控，在中葡歧见未得到和解之前，是不会有船只从这些国家前来中国的。结果广东陷入一场剧烈的经济危

---

① "香港与近代中国"，第16~19页。

机。因此，广州官员们急望与葡萄牙人通商以求改善严重的财政形势。①

三 与葡人贸易的争议

在 1530 至 1560 年期间，关于如何处理葡萄牙人来华贸易这个问题曾引起明代中央和地方官员的一场争论，这涉及海贸弛禁这个老问题：面对现实的迫切需要，到底应否放宽海禁。参与争议者可分为两派，其中一派认为不应因葡萄牙人与日本人破坏了官方制定的"朝贡贸易制度"，而严禁其他合法贡舶前来通商，因为海上贸易对沿海省份尤其是广州的经济发展和繁荣，有颇大贡献，此派以巡抚林富为首。

林富强调容许海上外贸，不单对国家有利，对人民亦有好处。"粤中公私诸费，多资商税，番舶不至，则公私皆窘。今许佛郎机亘市有四利：祖宗时，诸番常贡外，原有抽分之法，稍取其余，足供御用，利一。两粤比岁用兵，库藏耗竭，借以充军饷备不虞，利二。粤西素仰给粤东，小有征发，即措办不前，若番舶流通，则上下交济，利三。小民以懋迁为生，持一钱之货，即得辗转贩易，衣食其中，利四。助国裕民，两有所赖，此因民之利而利之，非开利孔民为梯祸也。"②

林富是地方官吏，深知海上贸易对地方经济的重要，因此客观说明海上贸易的经济价值，是务实的做法。但一般明代中央政府官员都较关注儒家政治理想，锐意维护国家法纪和固有的秩

---

① "The Macao Formula"，第 15～20 页。
② 《明史》325 卷，第 21 页上。

序。刑部给事中王希文就是典型的代表。王于1530年上奏朝廷，重申按照祖典，容许贡舶前来贸易纯粹是一种安抚藩国的手段，借以维持沿海地区的太平，并非唯利是图的，"万邦来庭，不过因而羁縻之而已，非利其有也。"① 王力争不能够恢复容许佛郎机通市，葡人肆无忌惮地破坏了天朝的"朝贡贸易"体制，又蔑视和抗拒官员的法理管治，一旦再次容许他们前来贸易，沿海地区将遭受其威胁，危及国土，更有损天子之威严。王的言论，可以说是对林富一派所提的针锋相对："若使果偕倾诚奉贡，则谁不开心怀柔，以布朝廷威德。设有如佛郎机者，冒进为患，则将何以处之乎？其间守巡按视频烦官军搜索，居民骚扰，耕樵俱废，束手无为，鱼盐不通，生理日困，皆不足论；以堂堂天朝，而纳此轻渎之贡，治之不武，不治损威，诚无一可者。"②

这场争议的结果，是地方官吏和中央决策官员终于在外贸这一重要问题上达到共识，就是只要严于防范，对来沿海港口的外国船只做严格的检查，若拿不出批准参与"朝贡贸易"国书公文的外人，如葡萄牙人，一律不得进入中国海域，顽抗者则更以武力镇压之。这样期望广州能够恢复与南洋朝贡国家的规定贸易，以振兴广东的经济。但这个决策并不能够解决实际问题，一旦葡人被禁止前来，南洋诸国的贡舶亦难以前来，而中国所需的香料香物，亦难获得供应，若果外国人的贡舶不能来，广东地方政府仍然难以从互市抽取税收，地方经济仍然处于低迷状态。至于中央政府亦蒙受不便，因为地方官员仍然"缺上供香物"，尤

---

① 印光任、张汝霖编《澳门纪略》，于《笔记小说大观续编》卷上，第21～22页。
② 印光任、张汝霖编《澳门纪略》，于《笔记小说大观续编》卷上，第21～22页。

VI "澳门模式"的历史意义

其是内庭所需甚殷的龙涎香,更是难以购进。基于此,广州的地方官吏,还是要努力寻求一个既可让葡人来做买卖,又不至于危害国土令朝廷感受严重威胁的办法。[①]

官员们已经认识到,只要能够防止葡人与无所顾忌的日本浪人或内奸协作,那么光是葡人自身是不能对当地治安构成可怕的威胁的。假如把西方人限制在一个地区,而政府在该处又拥有充分的防御和监视机制,来严密审查那些充当双方交往媒介的当地居民,那么就可平安无事地进行贸易。但是这个地区必须离广州较近方可满足葡人的需求,而且也必须有强大的守卫力量。[②] 最后被选中为贸易地点的地方是濠镜(澳门)。[③] 澳门三面临海,方便外国船只靠岸;同时与内地的香山县地区相连,方便通往广州,但亦方便设立有效的防御措施,以防止外人突入内地。葡萄牙人如何入住内地的细节,目前仍缺乏史料说明。然而已有足够的中西方资料,清楚地说明这个事件的来龙去脉。根据中国方面的记载,1553年葡萄牙人以海难为借口,要求广东当局允许他们到澳门上岸,以晾干被海水浸透的商品为理由,得到了海道副使汪柏的批准,这应该是葡人首次在澳门停留的因由。[④] 葡文文献则一般认为葡人是在1555~1557年开始登岸入住澳门的。[⑤]

---

① "The Macao Formula",第93~95页。
② "The Macao Formula",第33~34页。
③ "澳门模式",第31~32页。
④ "濠"与"壕"通用,"濠镜"为广东省香山县南之一半岛,位于北纬22度11分30秒,东经11度32分30秒。其称为澳门的原因,一般史家都采用《澳门纪略》的说法:"其曰澳门,则以澳南有四山离立,海水纵横贯其中,或十字,曰十字门,故合称澳门",见印光任、张汝霖编《澳门纪略》卷上,第10页。
⑤ J. M. Braga, *The Western Pioneers and Their Discovery of Macao*, 1949, pp. 78 - 103.

四 寻求制驭澳夷良策与"澳门模式"策略的形成

经过数十年与葡人的接触，明代地方政府决定采取一个务实而又折中的政策来处理西方人在华经商所引起的问题。这一政策可见于两广总督张鸣冈于1614年宣布的"制驭澳夷政策"，①又可称为"澳门模式"，因为它是在澳门的实际运作中产生的。这个"澳门模式"是一项不成文的特殊外贸政策，它的产生是用以适应当时中国对外关系与对外贸易的两种实际考虑，是外贸的实际经济价值和防卫国土、维护政权的需要。但在这个政策出台前，明朝的官员及有识之士还经历过一场深思熟虑的激辩，决定应否容许葡人居留澳门和应采取何种政策制驭葡人。②

鉴于明初对葡人的憎恶形象和他们的犀利兵器，不少官员认为容许葡人留居澳门将是岭南的忧患。例如在1559年，广东按察丁以忠即已指出："此必为东粤他日忧"③。广东御史庞尚鹏于1564年上的《抚处濠镜澳夷疏》亦认为："番船抽盘，虽有一时近利，而窃据内地，实将来隐忧。"④ 根据《筹海重编》，在1590年之前，不少"议者以濠镜终为心腹之疾"⑤。其后郭尚宾于1613年亦重申："尔乃广东濠镜澳夷，窃据香山境内——则腹

---

① "The Ming Debate"，第333~336页。
② "The Ming Debate"，第333~336页。
③ 阮元：《广东通志》第243卷，1822，第13页。
④ 庞尚鹏：《百可亭摘稿》，收于罗学鹏：《广东文献》第14卷（1864年），第10页上。
⑤ 邓锺：《筹海重编》，万历版，第3卷，第111页上。

心之疾也。"① 次年广东总督张鸣冈上言则认为:"粤之有澳夷,犹疽之在背也。"②

究竟上述所谓粤之"隐忧"、"心腹之疾"或"疽之在背"实际上是何所指？在庞尚鹏的疏文已很清楚说出来:"若一旦豺狼改虑，不为狗众之谋，不图锱铢之利，拥众入据香山，分布部落，控制要害，鼓噪直趋会城，俄顷而至，其诚有不忍者，可不逆为虑耶？"③ 原来都是由于"在广州以澳为肘腋近地"④，一旦葡人突然入侵香山，很快便兵临广州城下。

由于明初葡人给明官员的形象是十分狷獗、凶恶、狡诈和具侵略性，所以不少官员都主张以武力镇压澳门葡人，或甚至有些要焚城以消灭之:"或欲纵火焚其居"⑤，"或议毁其庐"⑥。"议者有谓必尽驱逐，须大兵疏之，以弭内忧"⑦，但有些明朝官员则主张放逐他们回到浪白滘的一类海岛，让他们进行临时贸易:"有谓濠镜内地不容盘踞，今移出浪白外洋，就船贸易以消内患"⑧，到了1607年，则更有卢廷龙因为入北京会试:"请尽逐澳中诸番出居浪白外海，还我濠镜故地。"⑨

---

① 郭尚宾:《郭给谏疏稿》，收于伍学崇:《岭南遗书》第 14 卷，1831～1863，第 8 页。
② 《明实录》第 537 卷（台北：中研院，1965），第 3 页上。
③ 郭尚宾:《郭给谏疏稿》，收于伍学崇:《岭南遗书》第 14 卷，1831～1863，第 8 页上。
④ 郭尚宾:《郭给谏疏稿》，收于伍学崇:《岭南遗书》第 14 卷，1831～1863，第 8 页上。
⑤ 郭尚宾:《郭给谏疏稿》，收于伍学崇:《岭南遗书》第 14 卷，1831～1863，第 9 页上。
⑥ 邓锺:《筹海重编》，万历版，第 3 卷，第 111 页上。
⑦ 沈德符:《野获编》第 30 卷（1827），第 37～38 页上。
⑧ 沈德符:《野获编》第 30 卷（1827），第 37～38 页上。
⑨ 《明史》第 325 卷，第 22 页上。

但上述的较极端方法，始终"当事不能用"①，重要的原因在儒家述语就说得很漂亮，就是王者体察夷情，以"仁道"来怀柔远人。但真正的原因却是非常务实，首先容许葡人留下是可以利民生经济，否则会引致地方重大经济损失。亦有一些官绅本身从中葡贸易中获取利益，尝试替葡人辩护，林希元就是一个典型的例子。他说："佛朗机之来，皆以其地胡椒、苏木、象牙、苏油、沈束檀乳诸香，与边民交易，其价尤平，其日用饮食之资于吾民者，如米面猪鸡之属，其价皆倍于常，故边民乐与为市，未尝侵暴我边疆，杀戮我人民，劫掠我财物。且其初来也，虑群盗剽掠累己，为我驱逐，故群盗畏惮不敢肆。强盗林剪，横行海上，官府不能治，彼则为民除之，二十年海寇，一旦而尽。据此，则佛朗机未尝为盗，未尝害吾民，且有利于吾民也。"② 其二是从外贸抽分得来的税收可以饷海防的汛兵，而且容许葡萄牙人住在澳门，利用他们的"船坚"、"炮利"是可以在当地海上剧盗及其他外人入侵时有阻吓作用，因而成为香山海洋的屏卫。霍与瑕是宰相霍韬的儿子，对广东的事务十分熟识，他提出应该容许葡人留在澳门的良策就包括全部上述的理据，就是儒家教义、经济利益和强化海防的功用。"岛夷关市与为寇异，四夷来王，无以绥之，仁者所不处也。既纳其税，又探其未然之恶而漫为之议，义者所不为也。不察其顺逆，不辨其奸良，一概名之曰贼，非但俱焚玉石，将有俗庖月易一刀之虑，知者所不出也。"③ 又"曰守在四夷，天子之事也；不却众庶，王者之大也；

---

① 《明史》第 325 卷，第 22 页上。
② 林希元：《林子崖先生文集》，收于陈子龙：《明经世文编》（北京重印版，1962）第 165 卷，第 1673 页。
③ 霍与瑕：《霍勉斋集》第 19 卷（1857），第 83 页上。

VI "澳门模式"的历史意义

因粮于敌,以靖强圉,霸国之烈也。两广百年间贸易以饷兵,计其人可当一大县,一旦弃之,军需安出?一不便也。香山海洋得澳门为屏卫,向时如老万、如曾一本、如何亚八之属,不敢正目而视,阖境帖然,若撤去澳夷,将使香山自为守,二不便也"[1]。

因此,能够想出一良策制驭澳夷,而无需采取极端行动对付他们,就成为广东地方官员绞尽脑汁的事。在这方面,霍与瑕所提的良策显然很有影响力。他不单以儒家教义作为理据,亦同样分析透切各种策略的可行性。首先他指出不能将全部葡人作为寇盗处理,虽然其中有败类,但不能以偏概全采取极端行动对付全部葡人,此非仁者怀柔远人应做的。

霍认为"建城设官而县治之"是上策,"遣之出境,谢绝其来"则是中策,而"握其喉,绝其食,激其变而剿之"乃是下策而已。至于为什么驱逐葡人出澳只是中策,他解说得很清楚,第一会引至地方重大经济损失;第二,容许葡萄牙人住在澳门对当地海上剧盗有阻吓作用,因而成为香山的屏卫。[2]

霍认为处理澳门葡人最佳的方法则是:"倘其哀乞存留,愿为编户,乃请于朝,建设城池,张官置吏,以汉法约束之,此谓用夏变夷故曰上策。"[3]

霍与瑕处理澳门葡人的良策是,可以容许他们留下以利民生经济,但必须严加管制,不单要建立一个周密的防范机制来控制葡人,还要"儒化"他们,令他们遵守儒家的法纪。除了建城设官以汉法约束外,更要增加兵备。重要的是,霍所提这个良策

---

[1] 霍与瑕:《霍勉斋集》第 19 卷 (1857),第 84 页上。
[2] 霍与瑕:《霍勉斋集》第 19 卷 (1857),第 83 页下。
[3] 霍与瑕:《霍勉斋集》第 19 卷 (1857),第 83 页下。

是基于"仁道"及"王者柔远"之心，而最终目的则是将夷人潜移默化。所以为一般士大夫接受是可以理解的。[①]

回顾在寻求良策制驭澳门葡人的过程，到了17世纪初，明朝官员已大致达成共识。明白这点是较为容易去了解两广总督在1614年订立用来制驭澳门夷人的政策。根据《明史》的记载，总督张鸣冈于1614年檄令澳门葡人驱逐倭人出境，因此上奏："粤之有澳夷，犹疽之在背也，澳之有倭贼，犹虎之傅翼也，今一旦驱斥，不费一矢，此圣天子威德所致。惟是倭去而番尚存，有谓宜剿除者，有谓宜移之浪白外洋，就船贸易者。顾兵难轻动，而濠镜在香山内地，官军环海而守，彼日食所需，咸仰于我，一怀异志，我即制其死命。若移之外洋，则巨海茫茫，奸宄安诘，制御安施？似不如申明约束，内不许一奸阑出，外不许一倭阑入，无启衅，无弛防，相安无患之为愈也。"[②]

这个政策是以儒家教义作为理据，认为不能将全部葡人作为寇盗处理，虽然其中有败类，但不能以偏概全采取极端行动对付全部葡人，此非仁者怀柔远人应做的。所谓"建城设官而县治之"的政策是务实的，因为一旦驱逐葡人出澳，会引致地方重大经济损失，而容许葡萄牙人住在澳门对当地海上剧盗有阻吓作用，因而成为香山县的屏卫。为此明代地方官员终于决定，处理澳门葡人最佳的方法是："倘其哀乞存留，愿为编户，乃请于朝，建设城池，张官置吏，以汉法约束之，此谓用夏变夷故曰上策。"[③] 因此可以容许他们留下以利民生经济，但必须严加管制，不单要建立一个周密的防范机制来控制葡人，还要"儒化"他

---

① "澳门模式"，第35~36页。
② 《明实录》第537卷，第3页上。
③ 霍与瑕：《霍勉斋集》第19卷（1857），第83页下。

们，令他们遵守儒家的法纪。除了建城设官以汉法约束外，更要增加兵备。这个良策是基于"仁道"及"王者柔远"之心，而最终目的则是将夷人潜移默化，令他们遵守儒家法纪，令他们能够长期留在中国和平共处，合作发展。

五 "澳门模式"：明朝监控澳葡的机制和延续

以上申述的是明末广东政府制定了朝贡贸易制度之外与葡萄牙人进行等价贸易政策，亦即本文称为"澳门模式"政策的由来。为了成功实施"澳门模式"，明代地方官员在澳门建立了一个周密的防御机制，监管和控制西方商船与商人，这套细致的管理外贸兼监视防御葡人的机制，包括在莲峰茎建筑关闸以控制华夷的出入，在关闸附近屯重兵以防夷人入侵，设专官管理澳门一切华夷事务以及制订规例控制夷商兼防范内奸等措施。例如1617年有一员参将统兵一营驻守澳门以北约50里的雍陌村（属香山县），担任该地区的水、陆防卫[①]。1621年，参将改驻距离澳门更近的前山，所辖水师有兵员1200名，大小巡船50艘，守卫通往澳门港入口的11处战略前哨点。这支兵力中有士兵680名、船33艘[②]。在"澳门模式"下，明代设立在澳门地区的沿海"防倭"和"防葡"的军事措施，到了清代政府不单将它承袭过来，而且大大地将它强化起来。

---

① 《明实录》第527卷，1965，第3页上；沈德符：《野获编》第30卷，第37页上~38页上；印光任、张汝霖：《澳门纪略》卷一，1975年重印本，第10页上~10页下。

② 《明实录》第527卷，1965，第3页上；沈德符：《野获编》第30卷，第37页上~38页上；印光任、张汝霖：《澳门纪略》卷一，1975年重印本，第10页上~10页下。

有关这方面演变过程，作者 20 多年前已有论文及其他专文详细论及，因篇幅关系不在此重复①，仅简略报道这个强化过程的内容，主要是将驻在前山的兵力递增至 1000 名，负责监督驻军的将领的军阶提升至副将。负责监管在澳的葡人、外商，参与外贸的商船及抽取外贸商税的专官亦同样愈来愈专职负责以及官员的职级大大提升，如由澳门县丞变成澳门海防军民同知。而且他们驻守的地点愈来愈移近澳门以便于监管运作，例如县丞由前山寨移驻望厦村，后更再移入澳门市内。颁布要外人遵守的条例法令也越来越严谨，例如有乾隆十五年（1750 年）香山县知县张甄陶制订的《制夷三策》；二十四（1759 年）两广总督李侍尧的《防夷五事》、《禁例九条》；嘉庆十五年（1810 年）两广总督百龄、监督常显的《防范外夷条规》；道光十五年（1835 年）两广总督卢坤、监督中祥的《防范澳夷章程》等章程②。清政府不单将明代在澳门管制外贸政策的理论基础和根据承袭过来，而且将明代设立的措施大大地强化起来。

　　清政府的管制外贸政策，主要由于害怕西方人与内地不良分子相互勾结组成反清的联盟，要继续推行明代设立的预防措施。③ 清代的对外的合法海上贸易，在乾隆时开始已全部集中在广州。在广州设立的所谓"广州贸易"制度的运作，就明显反映出是沿用澳门建立的一个周密的防御机制，不单只用来监管前来经商的西方船只和商人，而且用来控制与外国人交易的中

---

① "The Ming Formula"，第 139~167 页；Fok Kai Cheong, *Estudos Sobre A Instalação dos Portugueses em Macau.* Portugal：Gradiva, 1997, pp. 89 – 118。

② "The Ming Formula"，第 139~167 页；Fok Kai Cheong, *Estudos Sobre A Instalação dos Portugueses em Macau.* Portugal：Gradiva, 1997, pp. 89 – 118。

③ "The Ming Formula"，第 139~167 页；Fok Kai Cheong, *Estudos Sobre A Instalação dos Portugueses em Macau.* Portugal：Gradiva, 1997, pp. 89 – 118。

VI "澳门模式"的历史意义

国人。① 对清代广州贸易条例的细心分析表明,这些条例主要是为中国内部的安全设想,其中很多条例旨在加紧防范内奸,加紧对与西方人交易的中国人的控制,尤其是中国的领航员(带水)、建船商、公行商和洋人的佣仆。理由是外国人非常需要这些人的服务;外国人在华的野心是需要这些人的协作方能实践的,因此这些人对清朝的安危具影响力,必须严密监视和管制他们。② 同样的分析表明,有几款条例的目标是禁止一些违禁商品由广州或澳门进出口。这些条例事实上与清朝控制进出口商品是一致的。因为这些违禁商品可能用作战争用品来反抗朝廷,也因为如果任何商品出口过多会有害于国家经济。这些条例原是由顺治帝最先颁发的,是用以打击郑成功的反清势力的,目的是透过断绝郑成功部队的作战用品的供应,以便逐步削弱和消灭这股反清力量。理由是清政府一直惧怕明朝余党在海外的抗清运动会随着与国内异己分子和外国人的相互勾结而壮大。颁布这些广州贸易条例是基于实际的政治需求,就是防外侵兼自卫。③

"澳门模式"的防卫管理机制在明清期间直至鸦片战争为止可算得上是长期生效。一旦葡人违背规例,地方官员即马上封舱,停止贸易并且断绝供应葡人一切日用需要,而由于葡人来华的目的主要是通商赚钱,况且葡国于17世纪下半期开始在国际上的影响力已逐渐式微,居住在澳门的葡人已了解到若要持续留澳发展必须遵守中国法纪和获得中国皇帝的恩恤。④ 更加以种种条件限制,即变得恭顺,这样的驭澳夷管理外贸方法,可说是屡应不爽。

---

① "澳门模式",第38页。
② "澳门模式",第39页。
③ "澳门模式",第39页。
④ "The Macau Formula at Work", pp. 230 – 234.

六　既自卫防御又体察抚顺夷情

至于在"澳门模式"下的中西文化交流都是通过耶稣会士为主的传教士进行。以范礼安、罗明坚、利玛窦为首的耶稣会士采取了适应中国国情的政策，迎合地方士绅的心理，排除传教的障碍，例如容许入教者维持传统的祭孔祀祖的习俗，在澳门尽量学习好中文。尊重欣赏儒家学说及其他经籍，常常大量在著作中引用儒家典籍和其他中国经籍，崇尚中国文化，甚至仿效中国式生活。这样刚巧符合了明代官员制定欲"儒化"澳门西人的心意。所以基本上两个民族相处融洽，在文化相互尊重的原则下，能够做到和谐共存，合作发展。除了外人在澳门一直恭顺遵守中国法纪，只是安分做贸易和文化交流活动而不从事任何政治活动外，"澳门模式"成功的其中一个因素，是由于清代的统治者不仅对中国奉公守法的臣民，也对遵守中国法令的外人加施宏恩。

让我们看看一个不太为人知晓但相当重要的事实，在"澳门模式"下，严厉的条例也实施于负责上述监管和防御系统的清朝官员。几款条例是专门针对这些官员而制定，以确保这些官员不会利用他们的职权从外人身上捞到好处。这些条例特别针对那些玩忽职守、敲诈勒索和行贿受贿的行为。直至道光年间，每个清朝皇帝都着意颁发上谕，训令官员要维持良好的道德操守。这些训令反映出清代统治者体恤外国人的宽宏意愿，因为不少上谕都是告诫海关的官员和海上放哨人员应体恤外人远洋而来，待之以诚和公道。①

---

① "The Macao Formula", pp. 214 – 251.

VI "澳门模式"的历史意义

另外，有足够的证据表明，清初历朝皇帝同样着意保护西方商人的利益。他们对海上遇难的外国人尤其体恤。例如雍正在1729年所颁的上谕就勒令沿岸建立哨站巡逻部队，其用意并非只是打击海盗，而是为要保护本土商人和顶风冒雨来贸易的外商的生命财产。雍正以后的皇帝也都保持这种怜悯的态度。许多例子可以证实这一点。无论什么时候，要是关于外国船只遇难的报告上呈到朝廷，清廷就会发布命令给地方官员，指示他们好好照顾不幸的外国人。同样许多例证表明，清廷统治者并没有打算禁止那些遵守中国法律的外国人的要求，只要他们不从事危害朝廷的活动。①

另一个例子证明清朝皇帝确实着意保障外商在华营商的利益，可以从清廷处理中国公行商人负债案件的方法看到。为了保证外国人得到公平对待和为了使行商不敢欺骗西方的债权人，清政府颁布了非常严厉的法律条例来处决那些没有还债给西方同行的中国商人。对犯法的行商的刑罚往往是抄家或放逐到边疆服兵役。② 清代统治者对西方人这般体贴，加施恩惠，不用说也是出于实际政治考虑的。清初的历任皇帝都努力去认识来自海上对清朝威胁的势力。他们牢记明朝沿海倭寇为患的经历。特别是雍正皇帝，他坚信中国商人对日本商人的残酷剥削是导致倭寇为患的根源。因而中国政府必须公平对待外商，才能避免外商与内奸勾结，制造像明朝倭寇劫掠事件那样的骚乱。清政府认为，西方商人来华的动机只不过在乎贸易与获取利润。他们不会无故冒险去

---

① "The Macao Formula", pp. 214–251.
② Ng On cho, "Ch'ing Management of the West: A Study of the Regulations, Homicide Cases and Debt Cases, 1644–1820", unpublished Master Thesis, University of Hong Kong, 1979, pp. 134–181.

犯法危害赚钱的机会，除非另有罪恶阴谋。因此每当外国商人违反了清政府所颁布的法令时，官方的想法就认为是被中国内部的异己分子诱使向皇法挑战的结果。他们可能是为谋利，也可能是为政治阴谋。无论是为哪种目的，要是内奸和国外势力勾结在一起反对满族皇权，对于国家与朝廷的安全都具有最大威胁。因此清政府都颁发新的和更严厉的措施，目的在进一步监管内奸分子，制止他们有任何叛国行动。[①]

仔细分析史实，发现清朝制定的管理外贸措施，根本承袭明朝的做法，也是沿用在澳门以防御葡萄牙人的想法，目的是保障满族的政权和巩固朝廷的皇权，并且有自卫兼防止外国侵略的作用，更注意于防范内奸。因此，基于实际的政治考虑，而不是刻意抑制西方人，以显示中国文化的优越性。有足够的证据表明，只要外国商人不影响朝廷安危，清朝极愿保护西方商人的利益。就是外人在澳门犯上严重罪行，在"澳门模式"之下，明清政府治理这些案件亦有"抚顺外夷"的一面，但较早期出版有关鸦片战争前的中西关系的中外著作，大多认为英政府出兵中国的主因，是中国政府傲慢自大，对英国商人及其他外商在广东营商施予许多无理限制，以及外国人在中国犯法后要接受中国法律的野蛮的刑罚。事实上，这种见解带有明显的片面性，是根本就英国方面利益考虑的偏向，不出19世纪西方人对中国的偏见，完全忽视了清朝的政治观点和动机，以及中国内政发展的实况[②]。有关明清政府处理外人在澳门犯案涉及华人的情况，一直鲜为人

---

① Ng On cho, "Ch'ing Management of the West: A Study of the Regulations, Homicide Cases and Debt Cases, 1644 – 1820", unpublished Master Thesis, University of Hong Kong, 1979, pp. 134 – 181.

② 霍启昌：《从澳门史认识试评鸦片战争成因》。

VI "澳门模式"的历史意义

道及,在此有略为申述的必要。

《大清律例》中有涉及外国人违法——"化外人有犯"的章节,但这里的"化外人"不是指"西洋人","化外人"指的是那些居住于中国国境之外的蒙古民族或其他游牧部落民族。据此章记载,在原告与被告都是外国人的案例中,将会用犯人本国刑法来量刑。只有案中涉及汉人并且案发地是在中国境内时,才会适用中国的法律[①]。然而,1881年新订的《大清律例》中,在同一章节中出现了三个"例案",兼用中外两种司法,为后来的"例案"提供了法律指导。有必要注意的是,其中的两个案例,分别发生于1743年和1748年,罪犯都是葡萄牙人,且均发生在澳门。这里又一次表明了中国在同西方协调适应所倚靠的澳门经验的重要性。

中国文献中首次记载了西方人犯杀人罪案件是在1743年。虽然1743年以前,澳门同类案件肯定也存在,但未上报给中央政府[②]。这种情况并不难解释。凡是案子牵扯到华人与西方人,而西方人是罪犯时,澳葡当局一般便会与中国律法抵触,拒绝移交犯人,坚持依据葡萄牙法律来给犯人审判治罪。为了确保"澳门模式"订下的中葡互市贸易,为了逃避责任与麻烦,中国地方官员宁愿自行解决案件所引起的事端,也不愿上奏给朝廷。

1743年,澳门一名叫做陈辉千的中国人喝醉了酒,在行路的途中,无意撞上了一名葡萄牙人。两人先是争吵,接着动手打了起来。陈辉千被葡萄牙人的匕首捅伤,不久便死了。此案审理

[①] K. C. Fok: "Portuguese Macau's Impact on the Pearl River Delta during Ming and Ch'ing Periods", in *Portuguese Studies Review*, Vol. VII, No. 2, p. 43.

[②] K. C. Fok: "Portuguese Macau's Impact on the Pearl River Delta during Ming and Ch'ing Periods", in *Portuguese Studies Review*, Vol. VII, No. 2, p. 43.

细节在此不再赘述，但关键的一点是，办理此案的中国官员实际上并没有严格按照中国的律例办理，而是适当地考虑到西方人与中国人的不同。最终的判决是判葡萄牙人杀人有罪，犯人不必移交给中国官府，但是要中国官员和澳门葡萄牙人首长共同执行判决。在维护中国律法的基础之上，外国人犯了罪可以和中国人犯同类罪行后接受的审判不同。这是基于所谓"上申国法，下顺夷情"（一方面维护国家权威，另一方面对外国人有所体恤）的原则。① 这样既可以维护清朝皇权的地位和王朝的巩固，又可以缓和同外国人的关系，在地方官员的心目中应当算是最好的方法了。这样一来居住在中国的外国人既可以领略到中国的国法尊严，又能感受到皇恩浩荡。

第二个例案是1748年的一桩案子，同样发生于澳门。据称，有两名中国平民潜入两名葡萄牙人的屋子后，两名葡萄牙人便将他俩杀掉并将尸体抛进了海里。后来被人发现，凶手被抓了起来。因两具受害者的尸体不知去向，审理此案的总督岳浚便判了二犯鞭笞之刑并将他们放逐到帝汶②。乾隆皇帝得知后严斥了岳浚对此案量刑过轻，因而下诏，日后凡遇此类严重案情时，中国律法不可随意妥协。乾隆认为此事事关重大，关系到管治的稳定和国防的安全。清代允许外国人经商，但必须防范中外同谋以期颠覆朝廷。清政府认为，西方人来华，就是为了进行贸易获取利润，除非存有邪恶的目的，西方人是不会因违法而影响他们获取利益的。乾隆皇帝认为这种有法不依、有令不遵的行为便是中外共谋、蠢

---

① K. C. Fok: "Portuguese Macau's Impact on the Pearl River Delta during Ming and Ch'ing Periods", in *Portuguese Studies Review*, Vol. VII, No. 2, p. 43.

② K. C. Fok: "Portuguese Macau's Impact on the Pearl River Delta during Ming and Ch'ing Periods", in *Portuguese Studies Review*, Vol. VII, No. 2, p. 43.

蠢欲动的表现。事实上,乾隆已怀疑到某些地方官吏被外国人收买贿赂才会出此轻判。对乾隆皇帝来说,他的头等大事便是确保满族利益,巩固王朝社稷。就像上文指出的那样,清朝统治者深感有必要去施加皇恩,对于那些历经海上艰难险阻来到中国进行贸易的外国人尤其重要。但是对与杀人这种严重的案件,就要兼顾皇恩与严执国法,否则将会大大地危害到国家社稷的安全。[1]

在"澳门模式"的运作下,外人一直在澳门享有宗教自由,但鲜为史家道及,在此亦有申述的必要。一般西方史家只知谈及清政府多次对天主教实施"禁教",但若深入了解便知道这是由于政治动机所促使,与宗教无关。清政府要禁止外国教士向国人传播基督教义都是以维护和巩固王朝的统治为出发点,因为基督教义腐化民心,禁止中国教徒祭祖、祭孔,令国人众叛亲离,干涉到中国内政,冲击清朝的皇权所致,而满人以少数民族入主中原,一直对汉人的效忠感心存怀疑,最大的顾虑如上文所述,是外部势力与内地不良分子勾结,危害国家安全。但要指出的是,在"澳门模式"之下,就是在禁教期中,外国人一直在澳门被容许在教堂信奉其宗教及进行其宗教仪式。

清初多位皇帝对基督教义并无仇视,对不少传教士都优礼厚嘉。康熙帝曾重用汤若望、南怀仁等,因为他们都尊重中国礼仪,未犯中国法度,而且还替清政府制造火炮,壮大清朝军事力量,大大加强了康熙维护国家统一和巩固自己统治的力量,因此获得赏识。[2] 而罗马教皇及颜珰、多罗等人在"礼仪之争"中,

---

[1] K. C. Fok: "Portuguese Macau's Impact on the Pearl River Delta during Ming and Ch'ing Periods", in *Portuguese Studies Review*, Vol. VII, No. 2, p. 43.

[2] 林仁川、徐晓望:《明末清初中西文化冲突》,华东师范大学出版社,1999,第188页。

禁止中国教徒祭祖、祭孔，冲击了专孔崇儒的中国传统文化以及专制统治的理论根据，威胁到清王朝统治的基础，康熙帝便毫不犹豫地加以禁制。① 至于雍正帝的禁教，其政治动机更是明显，他是经历皇位继承的长期斗争，才能成功夺位，为了巩固自己的皇位，一直着意镇压打击被认为参与谋夺皇位的各诸王势力，而被认定是重点打击对象的苏努、勒什享、勒世享父子都是天主教徒，因而使雍正帝继续执行禁教政策。②

乾隆继位以后，以同样原因实行禁教。在1742年教皇本笃重申严禁中国教徒祭祖、祭孔指令，使教皇与中国皇帝的矛盾更加激化。乾隆十一年（1746年），由于教士白多禄非法潜回福建，在福安大肆活动，引起当局的严重不安，因而促使福建巡抚周学健逮捕白多禄等人，解送福州，奏请将其正法。他在奏折中说："夫以白多禄等数人行教，而福安一邑，已如此之多，合各省计之何能悉数？是其行教中国之心固不可问。至以天朝士民，而册报番王，以邪教为招数服人心之计，尤不可测。臣请将白多禄等，按律定拟，明正国典，以绝狡谋。"③

乾隆帝批准周学健的请求，于十二年四月，将白多禄等人在福州西门外处决。与此同时，乾隆帝向全国发布谕旨，再次强调禁止天主教传播。谕旨云："现在福建福宁府属，有西洋人倡行天主教，招致男女，礼拜诵经。又以番民诱骗愚民，设立会长，创建教堂，种种不法，挟其左道，煽惑人心，甚为风俗之害。天

---

① 林仁川、徐晓望：《明末清初中西文化冲突》，华东师范大学出版社，1999，第188页。
② 林仁川、徐晓望：《明末清初中西文化冲突》，华东师范大学出版社，1999，第188~190页。
③ 《清高宗实录》第275卷，第20页。

VI "澳门模式"的历史意义

主教久经严禁，福建如此，或有潜散各省亦未可知，可传谕各省督抚等，密饬该地方官，严加访缉，如有以天主教引诱男妇，聚众诵经者，立即查拿，分别首从，按法惩治。其西洋人，俱递解广东，勒限搭船回国，毋得容留滋事，倘地方官有不实心查拿，容留不报者，该督抚即行参处。"①

于是各省督抚严加查处，全国各地再次掀起禁教高潮。两广总督策楞及广东巡抚准泰不敢怠慢，密饬地方官严加访缉，如有以天主教引诱男妇聚众诵经者，立即查拿，按法惩治。而这个重任则落在香山知县张汝霖身上，缘因"香邑逼近澳夷，诚恐境内有称系天主教诱人诵习者"②。张细心查明后，得知有林姓在尚存天主堂名进教寺内住持，专以传教为事，引诱愚民赴寺礼拜入教。张汝霖随即上奏陈述调查整个教案得来的细节。在恳求上司明确指示如何惩治居住在澳门但具不同身份的中国教徒时，他的建议强烈反映了"澳门模式"的概念，即由于澳门是个特殊的地方，是一个政府容许民夷交集已两百多年的地方，所以在处理教案时不单要体察夷情，亦要体谅因为长期居住及工作在特殊环境下而入教的华人，是有别于内地的中国教徒，因而应以"人道"观念做个别处理，不应一成不变，一视同仁地照内地处理中国教徒的方法来处理澳门的中国教徒。张的奏稿体现了在澳门应该怎样处理涉及外交、国防、内部安全及容许外国人在中国境内居留诸项事务的重要哲理，很值得较为详细节录出来：

至于办理之法，卑职伏查夷人在澳二百余年，以致唐人

---

① 《清高宗实录》第269卷，第24页。
② 暴煜：《香山县志》第8卷。

渐习其教，由来已久，然非圣人之书亦为名教所必斥，非王者之道即为盛世所不容，况以天朝之人而奉外夷之教，则体统不尊且恐夷性之狡，将滋唐匪之奸，则防微宜急。夫除弊之道，绝流不如塞源，应请将进教一寺，或行拆毁，或行封锢其寺中神像经卷，或行焚烧，或饬交夷人收领，各县民人既不许赴澳礼拜，违者拿究，并令附近各县多张晓示几。从前已经赴澳进教之人，许令自新，再犯加倍治罪，其有因不能赴澳礼拜或于乡村城市私行礼拜诵经及聚徒传习者，察出以左道问，拟则各县每年一次赴澳进教之弊似可渐除矣。唯是在澳进教一种有稍宜熟筹者，伊等挟有资本，久与夷人交关，一经迫逐，猝难清理，其妻室子女若令离异，似觉非情，若以携归，则以鬼女而入内地，转恐其教易于传染，应否分别办理，其未经娶有鬼女，又无资本与夷人合伙，但经在澳进教自行生理者，不论所穿唐衣鬼衣，俱勒令出教回籍安插；其但有资本合伙、未娶鬼女者，勒限一年清算出教还籍；其娶有鬼女，挟资贸易及工匠兵役人等，穿唐衣者勒令出教，穿番衣者勒令易服出教，均俟鬼女身死之日，携带子女回籍，其未回籍之日，不许仍前出洋贸易及做水手，出洋充当番兵等项，应先勒令改业至买办，通事澳夷所必需，但勒令易服出教，不必改业，仍各取具地保，夷目收管备查，其往来夷人之家但打鬼辫者，一并严行禁止，至现在十九人之外，或有未经查出者，除再密查外，应令自行首明，并饬夷目查明呈报隐匿者察出治罪，似亦逐渐清除在澳进教之一法也。抑卑职更有请者，夷人在澳有必须用唐人之处，势难禁绝，然服其役即易从其教，苟非立法稽查，必致阴违阳奉，应请饬行夷目及地保人等，将夷人应用唐人之处，逐一

VI "澳门模式"的历史意义

查明造册具报,岁终出具,并无藏留进教唐人,甘结缴查,其册一年一造,有事故更换者,据实声明,如此则稽查较密而唐夷不致混杂矣。卑职因澳门进教,原与夷人在内地开堂设教者不同且积重之势,返之当有其方,故斟酌情法,期于妥便,又愚昧之见,未知当否,亦不敢冒昧举行,相应密禀,大人钧裁,衡夺统候,批示到日,遵照办理。①

而最后两广总督按张汝霖建议上禀乾隆有关处理此教案的奏稿,亦充分表现出曾着意考虑到保障外商在华营商的利益,及尊重和包容在华外人的宗教信仰。"至于天主教礼拜诵经及该国夷风,彼自循其俗,我天朝原不禁止,但不许引诱内地民人习入其教。……止禁唐人诸寺,尔国之教仍在,毫无不便。"② 这证明在处理发生在澳门的教案方面,清政府亦发挥了"澳门模式"的精神,化解了一个导致中葡摩擦敌对的危机,因为负责的官员领悟到驭夷之道"务将在澳各夷抚之以恩信,顺之以夷情,使其愈久愈恭,以仰副圣主怀柔德意"。③

七 "澳门模式"对"一国两制"的启示

要指出的是,在"澳门模式"方案下,澳门成为中国唯一从未关闭过的对外开放的窗口或通道。而事实上,在400多年的历史里,中葡在澳门只经历过少数的摩擦敌对事件,一直维持良好的友谊关系。在澳门所发生的种族流血事件少之又少,基本上

---

① 暴煜:《香山县志》第8卷。
② 暴煜:《香山县志》第8卷。
③ 暴煜:《香山县志》第8卷。

两国民族相处融洽，在经济商贸互惠互利和文化宗教相互尊重宽容的原则下，能做到和谐共存，就是澳门的回归也是在和平、友谊协商的情况下顺利完成的。除此之外，"澳门模式"的重要历史意义是它证明，当中国与西方初次接触期间，中西文化并没有产生严重的碰撞。这是由于明代政府并没有采取极端的方法，反之，是采用了一个务实而又折中的政策，以儒家学说的"人道"与"仁爱"为理想来应付葡人东来所引起的问题。

　　反观现今世界国与国之间、种族之间，不少锐意相互屠杀，不少政府在国内明目张胆施行种族清洗政策，危及全人类的未来发展。"澳门模式"这个成功地处理中外贸易和中西文化交流的个案，令种族之间能400多年来和平共存，合作发展，建立和谐社会是很值得为现今世界其他国家地方借镜，敢信对全球和平合作发展、包容共存有启发性作用。

　　由于自然的历史文化联系，澳门地区一直与欧盟国家，尤其是欧盟的拉丁语系国家保持着非常密切的关系。其次，澳门拥有吸引欧盟国家的语言。此外，澳门还是欧洲人在中国可以找到更多文化认同的地方之一。更重要的是澳门也是外人能够体会中华文化与拉丁文化相互交融的唯一中国城市。所以澳门必然可以促进中国与欧盟及其他国家的文化经贸旅游合作。

　　至于促进海峡两岸的交往，在400多年来和平共存、相互交融的过程中衍生出来的澳门政治和法律文化，是和谐多于冲突，制衡多于对抗，包容多于分离，在这融洽的氛围下，澳门一直是各方面对话的理想场所。

　　从历史上看，澳门可说是近代中国最早对西方开放的经济特区和文化特区。基于上述的澳门历史与文化特色，澳门在未来全球的经贸文化交往中亦可扮演重要的中介角色，必然可以发挥其

VI "澳门模式"的历史意义

桥梁作用。现今澳门是具有汇合中华、拉丁文化悠久历史的现代化都市。在此，天主教、基督教和儒教的传统极深，此外，还有多种不同的宗教如道教、佛教、妈祖等信仰仍然十分鼎盛，甚至伊斯兰、巴哈伊教徒亦能自由活动。澳门多元化的文化内容比起香港更为丰富多彩。澳门独特的多元文化除了体现在宗教上，亦可以在种族、艺术、建筑、语言、饮食和民族间的和平共处中得见。

至于明清这套"澳门模式"处理中外贸易和中外文化交流的政策，对了解澳门特别行政区怎样能够持续成功实践"一国两制"仍然有启示作用。这是由于国家制定的"一国两制"政策亦是一个务实、战略性的国策，用意是以和平方法解决特殊历史情况遗留下来的问题。

透过"澳门模式"可以了解到当今开放澳门市场，引入外资发展经济以利民生是符合国家对外开放的整体经济发展策略，这一点无须怀疑；但施行时必须符合不危害国家、不损害澳门人利益的原则，所以必须严加管制。为确保国家繁荣，地方安宁，维护现有体制，必须尽快在澳门建立一个完善周密的应对机制，监管和控制外国人在中国澳门特别行政区有目的、有计划、大规模居留营商，以免对澳门在经济、文化及至政治方面造成冲击，出现意料之外的局面。

中共中央总书记胡锦涛在中共十七大报告中，提及"坚决反对外部势力干预港澳"，表明不少人士经历过"汇业银行"事件后都恐惧所谓的"外部势力"，不单纯指外部的政治力量，亦可能是透过经济力量入侵澳门；尤其不少有识之士顾虑政府在没有深思熟虑、没有建立一套周密的机制监管外地商人等情况下，开放博彩业所带来的负面影响。澳门引入外资令博彩业过速发展，已引致本身社会失衡，民生已遭受严重冲击，不少澳门人的生活已深陷困境，随时会让含有敌意的外人有机可乘。①

由于澳门博彩业是龙头经济行业，一旦由外部势力主宰，很容易便让他们操控澳门的经济命脉。令人感觉极之忧虑的是，澳门并没有一个完善的监管机制，以防御外商在境内营运，或以商为名进行其他活动。而澳门过往的历史已有明证，为了中国内部安全着想，在容许外人在澳营商的同时必须建立一套细致的监管防御机制，才能避免外商与国内异己分子勾结，危害国家安宁。

这套细致的机制不单可起防止外国肆意冲击兼自卫和防御内奸作用，亦要保障外商在中国营商的合理利益和保证外国人得到公平的对待，但这个机制亦应包含一些专门针对负责处理外贸的地方官员，以确保这些官员不会利用职权从外人身上捞取不义之财。

澳门历史的重大意义不单因为这里是中国与西方国家进行经济商贸、文化宗教互动的成功例子，在人类文明方面，"澳门模式"更体现了几种文化和平相处及合作的成就。成功的主要原因在于政府能够建立一套周密的"防微杜渐"的防预机制，除了不容外人干预内政，更委派专责官员管理外商事务及订立不少商贸条例，并能够有效监管及执行此等条例。"澳门模式"衍生出来的独特文化遗产及人与人之间的和平共处说明了一个基本原则，就是不同种族共处的社会可以和谐共存并兴旺发展。

---

① 参看霍启昌：《发展经济，健全立法，稳定社会是澳门顺利实行"一国两制"的根本保证》，中国社会科学院编《世界社科交流》2006 年第 9 期（总第 18 期），第 1~21 页；王斌康：《澳门博彩业经营权有限开放对澳门社会经济发展的影响分析》，中国社会科学院编《世界社科交流》2007 年第 9 期（总第 33 期），第 1~17 页。

2006~2007年澳门大事记

2006 年

4 月 12 日

工联促煞住输外劳狂潮

工联理事长陈锦鸣在"反对政府无限制输入外劳集会"上称,外劳输入来势汹汹,数量创历史新高,本地雇员就业受到前所未有的威胁,强烈要求政府考虑实时暂停输入外劳,重新审视和检讨输入外劳政策,从速制订可操作、真正能保障本地工人就业权利和劳动基准的具体措施,让本澳雇员能够在充分就业、融洽和谐的社会环境下分享到经济发展的成果。

他称,工联会认为,完善有关政策措施有迫切性。年初,当局订定有关《聘用外地雇员制度》行政法规的草案,工联会认为这个法规必须严格遵守工联在 1998 年争取订定的《就业政策及劳工权利纲要法》,坚持输入外劳只能作为保充本地劳动力不足的原则,以法律条文明确保障本地雇员优先就业,充分运用本地劳动力资源。

工联会认为必须根据本地的就业状况厘定输入外劳的限额;禁止一些行业和职业输入外劳,例如文职人员、司机和赌场职工,尤其是一些获政府批给专营合约的企业,更不应输入非技术外劳;必须订定企业内本地雇员与外劳的具体比例;订明优先聘用本地雇员的可操作方法,同时禁止有外劳的企业以单方解约方法裁减本地雇员,防止本地雇员的职位被外劳替代。

陈锦鸣指出，工联会强烈要求设立劳、资、政府三方组成的监察小组。

11月6日

金沙称只解雇160未达标员工

针对近日坊间流传美资金沙大规模炒人，为输入外劳铺路的消息，澳门金沙娱乐场及威尼斯人（澳门）度假村酒店总裁Mark A. Brown昨发表声明如下：

"威尼斯人（澳门）股份有限公司目前聘用超过8800名员工，其中超过7600名为本澳居民。最近，我们与大约160名未能达到工作和服务标准及／或未能通过试用之员工解除雇佣合约。是次为威尼斯人（澳门）股份有限公司的常规管理机制，目的是保持最高水平之服务素质。

我们一直致力实行'优先聘用本地居民'之政策。于未来12个月内，我们将会为路×金光大道及澳门金沙娱乐场的发展计划聘请及培训超过12000名澳门居民。威尼斯人（澳门）股份有限公司将会成为拥有最多员工的公司之一，雇用超过2万名本澳居民。"

金沙总裁Mark A. Brown于20日再否认辞退千名员工，称传闻是百分之一百的错。相反会聘用员工，包括将开业的威尼斯人度假村酒店，以聘用本澳居民为主。

11月8日

麦辉霆加盟澳博

澳门博彩股份有限公司（下简称澳博）宣布委任麦辉霆（Mr. Frank McFadden）出任业务发展总裁一职，协助管理娱乐场之运作，并负责策划和发展新业务，其中包括预计于明年初开幕的新葡京酒店娱乐场。

对于麦辉霆的加盟，澳博行政总裁何鸿燊表示："我们欢迎麦辉霆加入澳博不断壮大的高级管理层，成为其中重要一员。我们相信凭借他丰富的国际经验及过往成功的纪录，麦辉霆将为澳博引进国际成功的经验，进一步强化澳博在市场上的优势。"

他继续说："面对不断增长的市场及激烈的竞争环境，澳博必须伺机掌握澳门博彩旅游业所提供的显著机遇。麦辉霆加盟澳博，与管理层之间起着积极互动作用，有助加强澳博的竞争力，为公司带来更多发展机会及持续增长。"

麦辉霆拥有非常丰富的博彩业行政和管理经验，曾出任威尼斯人（澳门）股份有限公司营运总裁，负责管理金沙娱乐场之运作。在此之前，麦辉霆于奥地利娱乐场国际控股有限公司（Casinos Austria）任职营运总裁，负责管理18个司法管辖区超过65间娱乐场之运作。

2007 年

1 月

1 月 14 日

两周车祸死四人

开年不足半月，交通意外频生，至今日止，有四人死于车祸。

凌晨西湾大桥发生严重车祸，一名骑士疑遭尾随私家车猛撼，被抛出百尺外，骑士堕地浴血，当场命绝，电单车车身弯折，仿如一堆废铁。

事发后，有人不顾而去，在新世纪酒店附近再撞的士，肇事司机酒精测试超两倍。

死于车祸男子名朱×兴，43岁。涉嫌不顾而去的男子姓袁，23岁，驾名贵房车。

1月19日

港未婚好赌妈妈涉虐儿

一名香港女子，涉嫌虐待仅两个月大亲生儿子，检察院完成初步侦讯，有证据显示，女方涉嫌触犯虐待未成年人罪。

这名香港女子日前获保释，需每30日定期向警方报到。被虐男婴仍在山顶医院深切治疗部留医，情况危殆。

涉案人姓何，31岁，为未婚妈妈，去年8月大腹便便来澳，经常出入赌场，11月在山顶医院生下男婴，至本月14日晚男婴不断呕吐，院方证实曾遭摇晃碰击，疑遭虐待。

1月30日

防炒经屋　政府考虑立例收紧

房屋局正草拟一项法例，收紧申请经屋条件，以防炒风。

近期楼价高企，经屋楼价水涨船高，三房一厅的经屋单位，成交价高达130万，直逼二手楼市。坊间担心获政府补贴的经屋，低价买、高价卖，成为炒卖商品。

地产商认为，经屋转售回报率可观，不用补地价的做法不妥，建议仿效香港补地价，才能让政府资源合理分配。

2月

2月8日

关闸总站巴士大火

关闸广场地下巴士总站上午7时许巴士大火，300多乘客仓皇逃散。

肇事巴士25号线，行走关闸至黑沙，当时，司机将巴士停泊在总站，离去进早餐，七时许返回，多次开车无法启动引擎，且传出焦味。

巴士总站当时挤满300多候车乘客，泊有三四十部巴士及旅游车，出事大巴未几起火焚烧，黑烟弥漫巴士总站，传出几声爆炸，乘客逃散时场面混乱，幸无人伤。

2月15日

狱警涉偷运咸片入监仓

廉署接获线报，怀疑有人以千元大利是疏通狱警，协助偷运录有色情电影的手提电话进入监仓，为狱中"老友"解闷。廉署在调查行动中拘捕五人，其中两人为现役狱警。

廉署追踪一名姓陈男子，该男子在提督马路会见一名穿制服上班的姓杨狱警，并将11000元及47个利是封交狱警，转交狱中一名姓黄囚犯，廉署人员随后在路环监狱前搜截狱警，侦破此案。

2月24日

少女获发74万老虎机奖金

扰攘多日的香港16岁少女在金沙中奖被拒派彩事件，今有结果，美资金沙娱乐场按照博彩监察协调局指引，下午向中奖少女母亲派发74万港元奖金。

金沙发表声明，一直支持负责任博彩，事发实时向博彩监察协调局寻求指引。重申继续严谨遵守澳门所有法规，包括禁止未成年人士进入娱乐场。

姓黄少女的母亲在丈夫陪同下出现在金沙正门，由工作人员陪同办领女儿中老虎机彩金手续。

2月26日

美财官访澳拟解冻朝鲜账户

美国财政部副助理部长丹尼尔·格拉泽在澳透露，汇业银行朝鲜账户调查已进入总结阶段。

美联社引述美驻港澳领事馆发言人达勒·克赖舍称，格拉泽向澳门有关部门表明，美财政部已准备解冻汇业银行朝鲜账户。

格拉泽一行七人，上午10时抵港澳码头，随即赴金融管理局会晤有关官员，金管局晚上发布消息，指双方就反黑钱及反恐融资交换意见。

3月

3月12日

珠海男女双尸为本澳活跃赌场富人

拱北男女双尸案，死者证实为澳门人，活跃于赌场贵宾厅。珠海公安消息称，现场虽有烧炭灰烬，但两死者身上均有伤，显示有人故布自杀疑阵，凶案涉及大宗金额买卖纠纷。

男死者姓黄，约50岁，澳门人，持有香港身份证；女死者亦为澳门人，30～50岁之间。男死者在赌场"沓码"（向赌客出售泥码图利），颇吃得开，收入丰厚，案发单位拱北国际花园，内有八个房间，市值约250万人民币。

3月18日

学生包房开免费毒品派对

警方搜查卡拉OK，查获一名17岁学生涉嫌包房进行"毒品派对"，邀一批青少年男女免费试毒。

警方据情报获悉，指有人不止一次举行此类毒品派对，缉毒组联同反黑组采取行动，进入荷兰园马路一卡拉OK搜查，带走19名参加毒品派对男女，包括疑为搞手的学生共18人，年龄介乎14～23岁，8人为学生，7人未成年，检获十小包K仔及精神科药物"五仔"。

3月20日

廉署拘博监局一稽查

一名任职博彩监察协调局的公务员，在廉署人员执行调查工作期间，拒受调查，并涉以暴力袭击廉署人员，被廉署以涉嫌违法抗拒及胁迫罪交检察院处理。

该公务员姓李，男，年约50岁，属博彩监察协调局稽查人员。廉署在他身上发现数十个银行账户记录，及一批已签署和填上金额的银行支票，并疑拥有50个不动产物业及三间商号。

3月28日

控制妓女男子离奇毙命七警成嫌犯

就一名内地男子死亡，警察厅发表声明。

声明称警员在北京内街截查两女子，一名持内地证件男子，带有醉意，多次阻挠，警员疑此人与控制女性卖淫有关，带回警署调查。

调查时，男子身上藏有可疑精神科药物，捣乱及袭击警员，导致警员鼻骨爆裂，警方将他锁上手扣。男子突然倒地呕吐，脸色有异，送院急救，最后抢救无效死亡。

死者黑龙江人，姓李，36岁，死因可疑。

案中七名警员，事后转为"嫌犯"，各人即被收起配枪，警方发言人表示，七人已被终止职务，并接受调查。

4月

4月3日

推出年轻人安居计划

行政长官何厚铧表示，未来五年将推出1万个单位，包括经屋及首次推行的"年轻人安居计划"，后者让年轻人按个人收入的合理比例，租住或购买。同时，将早前提出五年内兴建的6000个社屋单位增至8000~9000个。

综合以上两项措施，若政府真的能够实践承诺，预计未来五年，本澳将约有19000个公共房屋单位推向市场。

与此同时，政府明起中止接受置业投资居留申请，借以检讨实施多年的政策。

4月3日

特首出招"助民安居"

何厚铧在立法会答问会议时表示，特区政府社会福利工作重点"助民安居"，征拨更多土地资源，增建社屋、经屋，完善经屋政策，及创设更体面的居住环境。

政府将参照新加坡"组屋"制度，协助青年人先租后买，预计五年内将提供8000~9000个社屋单位，以及经屋与青年安居计划单位共万个，即公屋总数近两万。

对于房屋问题，何厚铧肯定"两个市场"存在，政府已不能利用简单政策调控平稳两个市场稳定发展。市民唯有寄望特首不是像以前说过便算。

4月10日

汇业朝鲜资金全面放行

澳门金管局宣布，汇业朝鲜2500万美元资金，可在52个账户持有人或经账户持有人授权，以合法签名随时提取及汇出。这意味着汇业银行所有涉朝资金将按客户指令，全面放行，美国财政部此前发表声明，对澳门政府决定表示支持。

纠缠多时的汇业朝鲜资金转移问题，至此得以解决。

有消息提到，部分汇业朝鲜资金，可能透过在汇业另设新账户解决，分析认为，客户有权提出开户要求。

4月16日

河北赌客金沙坠楼亡

一名内地赌客,在美资金沙赌场高处跳楼死亡。司警在死者身上未发现遗书。

赌客目击该男子由三楼飞坠地下大堂,头破血流,状甚恐怖,意外令目击的金沙职员情绪不安,有女荷官及女公关受惊落泪,需要回家休息。

死者姓杜,51岁,河北人,身上有少量现金,内地证件及旅游证件,坠楼前有人见他与他人在赌场内追逐。

5月

5月1日

"五一"游行冲突警方开枪伤人

六个团体发起的"五一"游行再演警民冲突,游行队伍先在提督马路与美副将大马路交界处冲击警员防线,期间有警员向天开枪。事后一名男子疑被枪伤送院治疗。枪声响后,群情汹涌,突破防线进入提督马路,至水上街市前被警方防暴队架起的防线拦阻,不准进入新马路区,双方僵持近两分钟。至晚上8时完成清场,大局基本受控、不致严重影响本澳商业区的运作。但游行演变成局部骚乱,受各界谴责;游行主办者则称今次是"双输";警方强调部署除顾及游行人士,还考虑到整体社会秩序及交通等问题。

事件中,21名警员受伤,91名警员装备受破坏。警方拘捕九男一女游行人士,将移交检察院控以加重违令罪。

对于"突然一枪",治安警察局代局长李小平解释,警员见有老妇被推撞跌倒,为免"人踩人",于是开枪示警。"突然一枪"又是"离奇一枪"。下午3时（与开枪时间相若），一名任职赌场的男子驾电单车由莱农学校往三角花园方向，至三角花园交通灯前停下，突感肩部剧痛，发现肩有血洞，送山顶医院检验后证实体内留有弹头，转送镜湖医院深切治疗部，凌晨零时经手术取出夹在锁骨的弹头，司警亦已取走弹头化验，伤者情况稳定。至于是否为当时的流弹所伤，仍待警方查证。

游行人数方面，发起游行的团体负责人黄沛林声称超过1万人，警方表示统计约有2400人。

5月6日

亚室运场馆沉降40公分

耗资超过129300万元兴建的东亚运动会体育馆，东南面地基出现大面积沉降，路面呈现下陷及波浪形。

沉降地点位于场馆东南边的道路、停车场、制冷及水电配套设施建筑物附近，与主体结构仅相差40厘米，多处沥青出现裂缝及深坑，多条车道呈现波浪起伏，地基下陷令部分灯柱倾斜。

亚洲室内运动会组织委员会表示，已留意到现场沉降问题，将与承建商就全面维修进行磋商。

5月9日

皇朝两度停电商业瘫痪

新口岸皇朝区多幢商业及住宅大厦，上午11时许先后发生两次大停电，令不少政府部门、银行、商业机构、写字楼以至捐血中心的运作大受影响，几陷瘫痪。大批公务员及商业机构员工在各大厦外等候，街上顿见人头涌涌。至下午3时49分，经电力公司员工抢修，各大厦始完全恢复供电。是次停电，为本澳近十年来最严重的一次。

停电期间，正值午饭黄金时段，多家食肆、便利店生意大受影响，有食肆平日"门庭若市"变得"门庭冷落"。消防局亦先后三次派员到停电的商业大厦处理困电梯事件，一名中年妇人因困电梯不适。

5月24日

粤收紧来澳签注

广东省本月开始限制自由行签注次数、延长办证时间及停办商务签注。自由行每月只可来澳一至两次，明显限制内地居民来澳次数。

有关政策可视为中央有限度"闩闸"，一为减少内地居民来澳博彩，"调控"澳门过热的博彩现象；二为杜绝广东一带居民到澳门非法打工。虽然内地没有明言此举为肃赌风，但澳门博彩业肯定首当其冲，一些积弱甚久的旧式贵宾厅将雪上加霜，零售酒店业亦难免受牵连。

5月25日

吊臂车翻侧压死车主

凼仔一个车场内发生严重工业意外，一辆满载废铁的重型吊臂车，怀疑收桩准备离开时突然失去平衡翻侧，正在吊臂车边操作的司机走避不及，被压在吊臂车车架下。消防员接报到场，动用重型吊臂车及气垫拯救，历个多小时始能将伤者由吊臂车下救出送院。期间卫生局派出医护人员到场为伤者即场急救，惟伤者送院后证实伤重不治。劳工局正就事件展开调查，不排除操作程序出错导致。

6月

6月2日

无情吊臂又再次砸死地盘工人

路凼新城金光大道一地盘，早上发生严重工业意外，一辆履带式吊臂车疑载重物时断裂,吊臂飞坠,击中一名地盘杂工。伤者送山顶医院抢救终告不治。

死者冼沛宜,49岁,胸部及眼角被坠落吊臂击中,实时昏迷。

死者原为本澳渔民,与妻及一对7岁和11岁女儿住下环街一单位,多年前上岸转业建筑,出事一星期前才在地盘当杂工,死者为家中经济支柱。

6月7日

平板车辗爆骑士头颅

友谊大桥澳往凼方向上午发生死亡车祸。

一名骑电单车男子被大型平板车卷入车底,头颅辗爆,当场惨死。平板车再冲前50米始停下,左边车轮残留死者脑浆及肉块,状甚恐怖。

惨死的电单车驾驶者姓黄,20余岁,为今年第六人死于车祸。

现场痕迹估计,两车发生相撞,死者卷进车底。

6月11日

威尼斯人地盘港工人一死一伤

金光大道威尼斯人地盘傍晚发生夺命工业意外,酿成一死一重伤惨剧。

事发时,两名香港钉板工人埋头工作,大量模板突然由高处坠下,将两人击中,并埋在乱板中,工人报警求助,消防员将两人抬出,惜一人头颅爆裂当场惨死,另一人半昏迷,伤势严重。

死者姓方,53岁;重伤者姓杜,47岁,均为香港人。

6月12日

花甲棚工坠楼惨死

一名花甲老人,仍以搭棚谋生,下午1时,不料在凼仔聚龙明珠顶楼一个装修单位搭外墙棚架时,棚架突然松脱,连人带架堕落平台，花甲老棚工倒卧血泊，当场惨死。

死者姓梁，60 岁。大厦全层由一家装修公司装修，死者与多名工人负责搭棚，众人出外用膳，死者随后独自回单位继续工作。有关部门调查意外现场单位是否申请工程准照。

6 月 14 日

三司警索毒贩 30 万

廉署收到举报，指三名司警利用调查一宗毒品案时，向毒贩索取 30 万贿款，廉署调查中发现三人不停开车或停留，形迹可疑，采取拘捕行动。

案发于 2005 年 4 月 21 日，三名姓吴、冯、郑司警，在关闸广场拘捕两男子，从一人身上搜出 100 多粒麻古。

随后数小时，三司警以汽车载两男子兜风，恐吓他们贩毒可判监 8～12 年，要对方付 30 万元，作为不追究报酬。

6 月 15 日

劳工局督察涉索外劳介绍费

劳工事务局一名督察，涉嫌利用职权向多家酒店索取聘用外劳名额，再利用这些名额协助多名内地人士到酒店任职，从中向每人收取数千元介绍费。

涉案督察在一家酒店向外劳收钱时，被廉署人员拘捕，涉嫌滥用职权，由检察院处理。

该督察姓李，任职劳工事务局多年，廉署分别接获劳工局及一位居民举报侦破。

6 月 20 日

女生遭性虐影带上网令人发指

校园女生惨遭性虐待影带在网上流传，引起社会广泛关注，司警证实已接获校方报案，带走多名女生及一对兄弟调查，其中

16 岁兄长涉嫌不法录制品及照片罪被拘捕。

事件涉及某校小学部一名 11 岁女生，疑遭五名女同学性虐待，在后楼梯被人用原子笔插下体，有人以手机拍下全过程，性虐片段在校内学生手机及网上广为流传，不少网友提出谴责，事件震惊教育界。

6 月 24 日

粤港澳"雷霆零七"打击罪恶

粤港澳三地警方，本月展开"雷霆零七"及罪恶行动，珠海警方针对本澳居民北上吸毒问题，实行"见一个捉一个"，期间共缉捕 41 名北上吸毒的本澳居民，即交警方处理。

珠海的酒吧、K 场、的士高林立，加上消费较低，设施齐全，气氛较佳，吸引不少本澳年轻人北上消遣。滥药一族摸熟行情门路，便相约同道中人北上，北上滥药现象屡禁不止。需依类两地警方合作打击。

6 月 25 日

北区停电分判商即炒

近日接二连三发生多宗故障，导致电缆受损。

运输工务司长刘仕尧表示，政府无法接受 6 月份发生两宗黑沙环停电事故，以及所涉及的人为疏忽，总承建商已遭口头警告，分判商已被实时中止合约，有关公司须承担赔偿更换电缆的全部费用。

政府已成立跨部门小组，强化监管，考虑设立停牌机制，或禁止有关公司参与承投公共工程。

今年截至现时已发生 14 宗停电事故。

6 月 26 日

泳馆设计乌龙百出

奥林匹克游泳馆被审计署踢爆超支五成，再被揭发设计方案错误与缺漏，以致更改部分设计，事后不断加工，多达22项，显示原方案设计粗糙，错漏百出。

工务局承认缺乏经验检核设计内容，很大程度依靠设计师工作，因此，不断有新工程增添，修改图则，工程较原来复杂，使工程造价上涨。

因出现22项后加工程，土地工务运输局及体育发展局需向承建商、设计师、地质勘采工程公司及盛理公司，共支付6140余万元。

6月30日

胡锦涛吁港澳借鉴互促发展

国家主席胡锦涛下午在香港会展中心会见日前来出席庆祝香港回归祖国十周年活动的澳门特别行政区行政长官何厚铧。

胡锦涛在会见中说，澳门回归八年来，"一国两制"方针得到成功实践，多项建设事业取得了很大成就，社会稳定，经济发展，民生改善。中央政府一直是充分肯定的。

胡锦涛说，澳门和香港同为国家的特别行政区，在实行"一国两制"方面有许多共性，有些实践经验可以互相借鉴。中央政府殷切希望两个特别行政区携手并进，发展愈来愈好。

7月

7月3日

副警长吞29万证物输清

一名已有24年"差龄"的副警长，因嗜赌成性，利用掌管警局证物房保险箱锁匙之便，监守自盗，挪用一笔三年前由市民拾获，但无事主认领的现钞29万元，到赌场搏杀，结果全数输光，日前被上司揭发。

涉案副警长姓石，隶属治安警察局第二警司处，1983年入职，警方以公务侵占罪送检察院处理。

这笔钱的来历，由一位户主进行屋内装修时在天花板发现，交警方处理。

7月4日

毒品派对11青少年被捕

七男两女，在黑沙环裕华大厦一个出租单位，疑举行毒品派对，司警人员上门搜查，拘一男子，在他身上搜出四小包K仔毒品，当时，屋内有人神志不清。

警员随后在天通街一住宅单位再拘捕两少年，15~16岁，搜出超过20克K仔毒品，疑供毒品派对用。

涉毒品派对及贩毒共11名男女，其中两人为中一学生，除两名失去父母的未成年男女不被起诉，其余送检察院审讯。

7月10日

关员涉贵利吸同僚血

司警在多处地点，破获一个以保安部队成员为放贷对象的贵利集团，捕六男一女，包括一名现役海关人员在事件中扮演中介人，其妻子及贵利集团主脑均落网。

警员在行动中搜出大批借据，证实最少有15名保安队人员，包括关员、治安警员曾向贵利集团借贷，借据上印有借贷人的委任证作证据。

警方相信保安队人员中有人涉及赌博，被逼向贵利集团借贷。

7月17日

无良判头榨工人血汗钱

九名内地劳工，向警方揭发判头克扣薪金。

警方据报拘捕一名姓姚判头，怀疑有人非法扣起内地劳工的工卡作要挟，到出粮日与内地劳工往银行克扣工人工资，每名劳工七成以上工资被判头据为己有。

警方在一名持香港身份证判头住所，搜出30多张扣起的劳工卡，相信有更多人受害。警方将以胁迫及勒索等多项罪名起诉判头。

7月27日

浴室非法雇用14岁骨女

探员日前在北京街广发商业中心一桑拿浴室突击调查时，查出一名年仅14岁的骨女，其余52名妙龄女子绝大多数是按摩黑工。

大部分少女均来自内地较偏远地区，部分持证来澳，部分偷渡入境，每次提供服务可得300～500元报酬，两名涉雇黑工的浴室经理被带走，交检察院处理。

这批内地女子，从街上看到招聘广告，或朋友介绍到浴室做骨女。

8月

8月15日

何厚铧澄清无涉澳娱股权

行政长官何厚铧，透过特首办发出声明，再次否认参股澳娱的万利城有限公司，未有任何商业利益的关联；万利城在香港的注册记录仍有何厚铧名字，是因为当时他受家族委托，成为其父亲何贤遗产管理处的其中一位执行者，此与"受益人"概念并不全等同。

何厚铧已将当年与兄长何厚荣交换澳门大丰银行股权相关的律师楼买卖合约，及股权转让资料，交终审法院院长备案和参阅，终审法院证实已收到何厚铧送交的相关合同文件，经核实后，已存入何厚铧个人财产申报卷宗内。

8月28日

威尼斯人度假村酒店开业

总投资达192亿元的美资威尼斯人度假村酒店今日开业，晚上7时18分，在有15000个座位的综合馆内，行政长官何厚铧、中联办主任高燕、外交部驻澳门特派员公署副特派员王松甫，与艾德森、营运总裁威廉·怀德等酒店高层，共同主持开幕典礼，与3000境内外嘉宾共庆开业。

拉斯维加斯金沙集团主席及行政总裁萧德·艾德森主持贡多拉下水礼，象征澳门威尼斯人度假村酒店"航空母舰"开航。该集团将自组船队、机队。

8月31日

角子机4000余万空宝风波

一场4200万角子机中奖纠纷发生于星际娱乐场。

一名姓田女港客玩角子机，声称中"4200万元"，事件由当局跟进调查。博监局代局长拜华估计，事件涉及角子机械件故障问题。至于"中奖"女港客能否获得派彩或赔偿，有待当局调查结果。

星际娱乐方面的初步报告，女港客玩角子机时，由于机件故障，角子机显示"4200万元"的字样。事件引起港澳传媒关注，等候女事主出现，但未见其踪影。

9月

9月6日

中学生涉校园贩毒

司警接获线报，捣破一个以中学生为对象的贩毒集团，在一所中学、三盏灯及黑沙环"毒品饭堂"单位的三处地方，拘捕六名16~20岁青年，其中三人分属三间中学的学生，另三人供称合资由内地购买毒品返澳分拆，由另外一学生负责在校内找买家，警方在"毒品饭堂"起出约值7000元K仔毒品。

司警表示，案中黄、谭、罗三名中学生，每两人一组入内地买货，分拆包装每包售300元，每次可获50元报酬。

9月10日

泥头车碾死女工

北安码头近填海地盘下午发生恐怖工业意外，一名女工在泥头车旁工作时，疑被卷入车底，颈椎及右肩多处被车轮碾过，当场惨死。

死者林秋月（译音），44岁，在地盘工作已久，专责记录地盘重型车进出次数，当时正专注记录数据。

据悉，泥头车司机正欲掉头将沙泥卸下，突闻惨叫声，停车察看，见死者俯伏泥头车左前轮与后排轮下方，消防员到场证实不治。

10月

10月1日

多团体游行表达诉求

多个团体下午发起游行，反对贪腐，改善民生，要求《道路交通法》部分条文暂缓执行。

博彩、建筑业联合自由工会、澳门职工盟及三行民益会分别于三角花园及佑汉公园出发，警方沿途克制，整个游行大致顺利。主办团体表示，约6000人参加，警方估计约2100人。

游行有多种诉求，包括反对贪污、反对输入外劳、抗议高楼价、支持维权等，下午2时15分起步，4时45分向政府总部递交请愿信后散去。其中 50 位教师首次参加游行，要求政府优化教育政策，提高教师专业地位。

10 月 3 日

滥赌警员勒索按摩女郎

一名现役警员涉嫌伙同一搬运工人，多次以警员身份向按摩架步的按摩女郎索保护费，按摩女郎不胜其苛索，挺身向警方报案。

晚上，两疑犯在新桥区向一按摩女郎收数百元保护费时，被警方拘捕归案。

涉案现役警员姓邱，1991 年加入警队，隶属第一警司处。据悉有人嗜赌，警方以勒索罪将警员及搬运工人送予检察院侦讯。

10 月 4 日

严惩醉驾三人被控

《道路安全法》已于本月 1 日实施，警方即截获首三人酒后驾驶，两人入狱三个月，准以 90 日罚金代替，停牌一年；另一人正待审理。

法律界人士指出，当中两人属有罪判决，需留案底，可能影响有关移民申请。

新法实施后，当局严厉执行，加强检查酒后违法驾驶，法律界指出，每公升血液中酒精含量等于或超过 102 克，属于醉驾，已可构成犯罪。

10 月 7 日

威尼斯人地盘又有港工坠地惨死

美资威尼斯人酒店度假村地盘，晚间又发生夺命工业意外，一名香港工人由高处坠下，头颈着地当场死去。

死者当时站在工作台上，用对讲机指挥天秤操作搬运建筑材料，但工作台被物料撞翻，死者从高处坠下。

死者姓林，53岁，香港人。

10月12日

轻轨拍板

运输工务司司长刘仕尧宣布，经研究五年，首期估算造价约42亿元的轻轨系统首期方案计划，决定于明年公开招标及动工兴建，预计于2011年底竣工投入运行。

首期路线采用轻优方案，基本上不会延伸至西北区，但假如有条件的话，会在西北区同步设点。

政府将成立专门项目组，负责统筹、协调、跟进管理轻轨计划。

10月15日

胡锦涛表示不容外部势力干扰港澳

中共中央总书记胡锦涛今日做十七大报告时，表示中央将全力支持香港、澳门特区政府依法施政、着力发展经济、推进民生，坚决反对外部势力干预香港、澳门事务。

他认为，港澳同胞完全有智慧、有能力管理好，建设好香港、澳门；而香港、澳门已经并将继续为国家现代化建设发挥重要作用，祖国永远是港澳繁荣稳定的坚强后盾。

10月17日

案件急增去年审结逾万宗

检察院院长何超明出席"2007～2008司法年度开幕礼"时表示，去年立案及结案总数连续三年超过万宗，其中盗窃、诈骗、非法劳工、伪造证件或货币、贩毒、清洗黑钱、青少年犯罪等案发量上升，涉案人及涉案范围均扩大。

展望下个司法年度，何超明表示将重点展开以下工作：一、探索改革，使检察工作有新发展；二、严格依法办案，保证法律适用的一致性；三、加强改进委员会工作，对检察院司法人员评核，提高素质、强化守法、建立清正廉洁精神。

10月17日

法官不足司法运作滞后

终审法院院长岑浩辉表示，特区三级法院去年度新受理案件续创新高，总数11394宗，上升30%。

他指出，澳门进入剧烈的调适期，各级法院所面临的压力和挑战与日俱增，但法官人数严重不足，三级法院法官29人，每年审案逾2万宗；中级法院每位法官平均主理195宗上诉案，多年来超负荷，因此有必要大幅增加法官人数，由本地培训或向外招聘，从根本上解决人手不足问题。

10月17日

律师公会促增聘法官

律师公会理事会主席华年达出席司法年度开幕礼时指出，法院审理案件增加，去年司法官平均审理1500宗，这些数量令运作受到影响，在没有动力的情况下造成不公平现象，针对此一问题，他促请政府尽快增加人力资源，缓解人手不足情况。

他指出，在法官数量减少情况下，出现两种现象：一、有相当数量案件因时效而终结，嫌犯控罪因此豁免；二、法官任意挑选案件以最快速度处理，对案件带来损害。

10月24日

警方破假婚集团

一对夫妇，疑为"假结婚"犯罪集团主脑，被警方拘捕。同时被捕的，尚有八名男女，疑为假夫妻。

被拘夫妇，以经营贸易生意为掩饰，在内地及澳门做"红娘"，协助他人以假结婚进入本澳，两人从中收取丰厚利润。

被捕的八名男女，他们冒充婚事的男方或女方，只要成功在内地办理婚姻注册，可获两万元报酬，介绍人也可获 1000 元。

该集团去年初开始活动，相信已撮合 20 多对假鸳鸯。

10 月 29 日

争管权妈阁庙被封

世界文化遗产妈阁庙，发生一场争权风波，妈阁庙慈善值理会与主持，争夺庙宇管理权，突然一群黑衣大汉闯入，驱逐庙内众人离开，双方推撞，场面混乱，警方赶至将场面控制。

事后有人在庙内挂上黄色告示："暂停开放"，一张则印有"本庙内堂重地，未经本会批准，禁止擅自进入，违者报官追究"。下注"正觉禅林／妈阁庙／妈祖阁慈善值理会告示"。

11 月

11 月 13 日

行政长官何厚铧发表施政报告

今年传媒及一般市民对特首的 2008 年施政报告可说是历年来最不关注的一次，对于传媒来说，主要原因在于有所谓"澳门世纪大贪案"正在法庭同时进行审讯中，澳门传媒的采访部队都重兵部署在法庭内而不是在立法会中，根据澳门一张大报的人士透露，他们的采访人力资源大概 3/4 集中在采访有关欧文龙的案件，因为市民认为透过法庭控辩实况最能显示澳门政府在回归后施政的实际情况，比较多年来证实是空洞的"派糖式"的施政报告有用得多，从"大纪元"于 11 月 14 日报道时事评论员黄东的一番说话便可了解这个情况："作为一个澳门人，现在都好心淡,而大部分澳门市民对施政报告的回应是'听住先啦,得个讲字'。"

而这番话是有真实数据支持的,根据澳门民意调查中心发表的《2008年度澳门特首施政报告民意调查》显示,被访问的750名市民当中,只有158名表示听过或阅读过报告,而在这158名有听过或阅读过明年施政报告的受访者中,只有24.8%表示满意。这个调查发现接受调查市民对政府明年"施政报告"的满意度低于过往几年的50%以上。也就是说是回归后历年来最低的。可见,在多年来政府大失民心和威信严重下滑的情况下,特首的"施政报告"的重要性已被传媒及市民贬到最低点。这种心态不难从报告发表前后澳门报章的言论中得知。例如《讯报》在11月17日名为《弄虚作假官员多管治威信必下滑》一开始便表明:"今(15)日,除了一家报纸以广告作头版之外,全澳中文媒体都以世纪贪污案第五堂聆讯内容作为头版头条,而特首施政报告之答辩大会则成为头版二条或者系次版头条。那个选择完全正确。"而《新华澳报》在11月14日以《"施政报告"不应是一张只说不干的"废纸"》的一篇评论文章亦很明确指出:"'施政报告'做出多少承诺又有什么用?不落实、不贯彻还不是'废纸'一张?"这正好说明了《讯报》在11月17日以了空为名的笔者的心声,了空在《官场丑陋令人叹息,廉署扩权期盼实效》为题的文章中,就表示对"政府报告""并无多大信心,因为作为前线记者,愈听得多,看得多,就愈灰心"。关键是在于以往"施政报告"的落实执行度认真偏低。

特首在报告中宣布廉政公署将扩权,这本来是令人振奋及耳目一新的事,但市民及传媒却认为要做到真是谈何容易,正如《讯报》的"聚焦镜"专栏,作者了空在11月17日的评论指出的，因为欧文龙案件正在终审法院进行审讯："当中叫人看到了官场丑形记，很愤怒亦很无奈叹息，如此官吏质素如此品德，又如之何让市民对公务员队伍尤其是官员体系有信心呢？"要有效推动官员的廉政，凡是有识之士都知道首先要将公务员的申报财产数据公开，例如《讯报》的了空就有以下这一番说话："对于高官和政治职位人士的申报财产数据，应该公开，以在阳光下接受公众监察，这在先进制度的地方早已是常事，只有澳门仍是作为秘密资料而已。澳门既然称是国际城市，那就应该以国际文明标准来行事，不能再逆世界现代潮流了。"对于廉政公署是否有能力和识见认真查办"私人领域"的各类大小贪污行为，余荔在《讯报》11月17日的评论就坦白说："我们没有信心。"而其所持原因正好与了空一样："特区政府连政治职位据位人的财产申报制度公开也长期拒绝，使公众无法监察，公共工程拨款要由立法会逐笔审议，又视为不可接受，任由制度漏洞继续存在，扩大廉署的法定权，又有何实际作用？"

11月13日

廉署反贪扩至私人领域

行政长官何厚铧发表2008年度施政报告表示，廉署反贪将扩大至私人领域。

何厚铧在报告中说："政府明年将透过交流和合理的制度建设，扩大廉政公署的法定权力，并将监察范围伸延至私人领域，实现政府和社会对廉政建设的更大承担。"

何厚铧表示，"加紧搜集包括贪污和其他罪行在内涉嫌人员的犯罪证据，一旦掌握其以身试法的充分证据，不论职位高低，立即将其绳之以法。"

他表示澳门发展至一个新阶段，廉署扩展是适当时机。

11月14日
陈汉杰涉假口供或被控

升任建设办主任仅六天的陈汉杰，以证人身份出庭就欧文龙案作证，在回应就竞投事宜有否直接与欧文龙接触时，与在检察院所作口供出现明显矛盾。助审法官赖健雄立即质疑其证供的可信性，并指出做假口供是严重问题。

陈汉杰被控方问及理工综合体育馆工程有否接获上级指示要新明辉中标，陈响应"没印象"，推翻在廉署及检察院所做部分证言。回答国际射击中心工程招标期间，有否按上级指示时，陈亦答"不记得"。

助审法官赖健雄指出，根据《刑事诉讼法典》规定，事件将交由检察院立案侦查，陈汉杰面临可能被起诉做虚假声明罪。

11月15日
体发高官涉聘无牌女按摩师

廉署公布，目前正调查体育发展局一名领导层官员，在2002～2003年执掌该局期间，涉嫌滥用职权，聘用一名未有专业资格按摩女技师，任职运动创伤治疗工作。并已完成调查，案卷移交检察院处理。

据数据显示，2002～2003年间，体育发展局局长为萧威利，副局长为罗安德。2003年3月，萧调任东亚运组织委员会，但仍保留体育发展局局长职衔。按摩女技师姓潘，在运动医学中心任职约半年。

11月19日
议员轰高官卸责

立法会施政辩论中，议员强烈批评特区政府对明年度行政法务方针照本宣科，未有对欧文龙涉贪案反映出深层的吏治问题提出对应政策与措施，无视特区政府的"信任危机"。

立法会主席带头质询：近期社会有一个好热门话题，为何许多官员被问一些问题时，都话"上级话、下级报告、我不知、无通知我"，我听到这些报道，心里很不高兴，这些官薪金收入高，却百问不知！众多议员要求整肃吏治之乱。

11月19日

议员责陈丽敏领军不力

立法会进行2008年行政法务范畴施政方针辩论，众多议员炮轰政府官员有权无责，唯命是从，行政体制诸多漏弊，矛头直指五司之首的行政法务司司长陈丽敏，八年以来工作难见寸进。

立法会主席曹其真率先指出，高薪厚职的公务员一问三不知，问责制只成评分制，政策如何落实。

其他议员指政府效率追不上时代，行政改革欠前瞻，公共部门政治触觉不足，咨询不够广泛，"以人为本"离目标仍远，《行政改革路线图》纸上谈兵。

11月19日

行政法务司长响应培训及外聘法官

行政法务司司长陈丽敏表示，针对本澳司法人员短缺问题，政府将展开《司法组织纲要法》及现行司法官培训机制的检讨研究，进一步培养本地法官及司法文员，研究外聘法官的可行性和操作性评估，从内外两方面响应司法官人手不足问题。

早前，检察院、终审法院及律师公会均指本澳法官不足，影响司法正常运作。

陈丽敏表示，将强化"人才评估中心"功能，支撑中央招聘、晋升及调动机制的运作，公务人员培训中心将于明年局部运作。

11月19日

欧案关键证人何明辉缺席出庭

前运输工务司司长欧文龙涉嫌贪污案,今进入第七堂聆讯,合议庭原安排20多位证人作供,但多名证人缺席,包括关键人物新明辉负责人何明辉,他涉嫌以超过13000多万元行贿被告欧文龙。

欧案曝光后,何明辉在本澳销声匿迹,检察院要求警方协助找寻下落,至今日开庭一刻未见出现,合议庭宣布押后传召何明辉。

何明辉被控18项行贿罪及18项清洗黑钱罪,案件在初级法院排期审讯。

11月20日

议员狠批政法改革一拖再拖

立法会对明年行政法务范畴施政方针进行次轮辩论,议员关翠杏对设立两年的中央统筹机制一事无成心感痛心,针对行政法务司司长陈丽敏说:"你回去与行政长官商量,召集所有司长坐下来认真探讨一下,回归八年,现在澳门应该怎样面对行政法律改革!"

多位议员指出,法律滞后,成为窒碍本澳社会、经济、民生发展的重大障碍,甚至是民怨的主因。要求各司局级官员勇于承担改革,对现存问题做出承担。

11月23日

胡温勉澳励精图治

中共中央书记、国家主席胡锦涛,政治局常委、国务院总理温家宝今日分别接见述职的行政长官何厚铧,充分肯定澳门回归八年的成绩,全力支持行政长官及特区政府依法施政。

胡锦涛语多勉励,只要特区政府励精图治,依法施政,团结带领广大市民,定能把澳门各项事业推向前进。

温总理指出澳门发展中遇到"新情况、新问题",相信特区政府能克服困难,不断巩固自回归以来形成的良好局面。

11月27日

加强打击网络犯罪

网络犯罪成为立法会议员的重点议题,议员要求保安部门官员解释打击网络犯罪措施,防止早前亚洲室内运动会"炸弹恐吓"事件重现。

立法会主席曹其真质疑为何看不到政府对网络犯罪构成刑事行为的宣传,要求政府日后加强打击之外,还要加强教育宣传。

保安司司长张国华承认现时监管网络犯罪法例欠完善,有关部门已进行立法,司法警察局会在侦查行动上给予专业意见,司警技术人员也常到内地交流。

11月28日

联合国世遗中心发信关注松山灯塔

特区政府已收到联合国教科文组织世界遗产中心发出的警告信,对松山灯塔景观受周边建筑物高度威胁表示关注,要求特区政府提交相关资料。

文化局长何丽钻表示,面对有关警告,政府已积极研究处理方案,由于有关建筑物是依合法程序审批,涉及发展有关利益,特区政府尽快研究方案,搜集所需数据交教科文组织。

8月底,联合国世遗中心组织专家来澳考察有关情况,并于9月向国家文物局发信。

11月30日

政府开投筷子基土地

运输工务司刘仕尧表示，政府将于下周一公布卖地资料，预计今次卖地将与2004年一样，以暗标竞投。在此之前，行政长官8月份在立法会公布今年会公开竞投土地。

刘仕尧表示，有关竞投土地工作已准备就绪，下周将会公布。

当局已规划筷子基两幅沿岸土地做公开竞投，今次估计，仍会以暗标竞投。

12月

12月4日

旅行团黑沙冲突防暴队介入

本地一家旅行社负责接待来自河北唐山四个旅行团共126人，导游埋怨团客消费少，提出增设行程，要求团客支付120元去凼仔美资赌场参观古堡，或支付420元参观表演，否则"没饭食，没酒店住"。

旅客被带至黑沙滩，内地领队与本地导游理论，一名警员到场，混乱中，警员被指将领队弄伤昏迷，旅客与警员发生推撞，阻止警员离去。警方调派30名防暴警员开至现场候命，至晚上8时，旅客再与警员冲突，防暴警员手持盾牌警棍将旅客挤开，持续至晚上9时，中联办人员到场调解，旅客被安排乘旅游巴士离去。事后，警方被指处理手法失当。

12月11日

法院勒令金光停航

由特区政府批准，行走凼仔至香港海上客运航线的金光喷射飞航（澳门）有限公司，突被法院勒令停止行驶，于上午10时起金光船只停航。法院将就经营权问题再做审理。

事关"西北航运快线"向中级法院申请，要求政府终止批准金光喷射飞航经营凼仔至香港海上客运航线效力，法院接纳申请并宣布不同意特区政府以"公共利益"为抗辩理由，维持暂时终止金光喷射飞航的决定。金光售出的5000多张船票接受退票。

12月17日

万国旅社中止本地接团资格

旅游局完成黑沙旅游冲突事件的初步调查，调查显示，事件中本地旅行社及导游违规，旅游局已展开侦处程序，并会中止涉嫌违规的万国青年旅游有限公司的本地接团社资格，以及展开取消本地接团社资格程序。

旅游局局长安栋梁表示，在整个调查过程中，听取了不同方面的供词，同时派稽查人员到旅行团到访地点搜集资料。旅游局针对事件采取多项跟进措施，并会在短期内实施。

12月19日

海关破内部高利贷

两名现役海关关员，涉与女友组成贵利集团，专向保安部队中因赌败欠债的部队人员放数。

涉案关员分别姓林，37岁，1993年入职；姓崔，28岁，1999年入职；涉案女子姓梁，32岁，任职赌场庄荷，姓林关员女友。

司警在8月发现"海关高利贷集团"线索，经四个多月调查，将关员及其女友扣查，并以不法借贷及高利贷罪名起诉三人。

司警指出，证实至少有 18 名保安部队成员向被告贵利集团借贷。

12 月 20 日

炸弹狂徒勒索政府

一名狂徒，针对亚洲室内运动会开幕在网上发放"炸弹勒索政府"后，再在网站发放"炸弹勒索"，声言在回归迎奥运演唱会的澳门运动场，及特别行政区回归演唱会的塔石广场放置三枚强烈爆炸物，勒索政府 1000 万元，否则可能发生大家十分不想看到的事。

署名"一个和家人正在水深火热的人"的狂徒，自称"多年内一向忠心为政府服务"，但一次工业意外中失去两成工作能力，被上司投闲置散。

12 月 20 日

千五人"民主回归游行"

由澳门新学社、职工民心协进会、博彩建筑业自由联合工会主办的"民主回归大游行"下午举行，约 1500～2000 人参加，主办单位称有 7000 人。是次游行主题"反贪腐、争民主、保民生"，促循序渐进达到双普选。

主办单位高喊"一人一票选特首"，部分游行人士接受访问表示关注民生诉求，不满官员贪腐，反对"官商勾结、利益输送"，"反对滥输外劳，反对纵容黑工"，也有不满楼价过高。游行至政府总部递交请愿信，6 时结束散去。

12 月 22 日

美资威尼斯人客房纵火杀妇疑犯被捕

一名涉嫌在威尼斯人度假村房间纵火谋杀女子的男人，前晚由路环偷渡返回珠海时被海关截获，证实是警方急于寻找的可疑人物。

涉嫌谋杀及纵火的男子姓谭，38岁，来自珠海，经常出入本澳，活跃赌场。遇害女子姓梁，39岁，来自珠海，以游客身份经常出现赌场。

有人承认逃避归还向女方借下的20万高利贷而下毒手，趁对方休息将她扼死，再纵火故布疑阵。

12月24日

永利娱乐二期开幕

永利娱乐第二期昨日开幕，比原定时间提早一个月。

适逢圣诞假期，大批游客及居民入内参观，入口处的"吉祥树"五光十色由地底升起，在柔扬乐声中，天幕显示出不同斑纹图案，最吸引观众是金光闪闪的十二生肖，围观者拍照留念。

二期新张，有85张赌台、551部角子老虎机。

客观生活质量：现状与评价
——以澳门特区为例

周长城 柯燕 编著
2008年3月出版 46.00元
ISBN：978-7-5097-0101-0/D·0040

作为一本研究客观生活质量方面的书，作者以澳门特却为例，在参照联合国以及国外指标体系的基础上，进行了指标体系的构建，并进行阐述。这些方面包括澳门的健康生活质量、教育水平、物质福利、居住质量、生态环境、生活设施、社会保障、闲暇生活、公共安全、社会公正。对于理解我们自身的生活质量以及权利，本书也有一定的参考意义。

文化蓝皮书
2008年中国文化产业发展报告
（附SSDB光盘）

张晓明 胡惠林 章建刚 主编
2008年3月出版 59.00元
ISBN 978-7-5097-0086-0/D·0035

本书由中国社会科学院文化研究中心与文化部、上海交通大学国家文化产业创新与发展研究基地合作共同编写，书中力图将产业分析与政策分析相结合，既有对全国文化产业发展形势的宏观分析，又有对文化产业不同行业的权威年度报告；既有对已经过去一年的评估，又有对新的一年的预测。

社会科学文献出版社网站
www.ssap.com.cn

1. 查询最新图书　　2. 分类查询各学科图书
3. 查询新闻发布会、学术研讨会的相关消息
4. 注册会员，网上购书

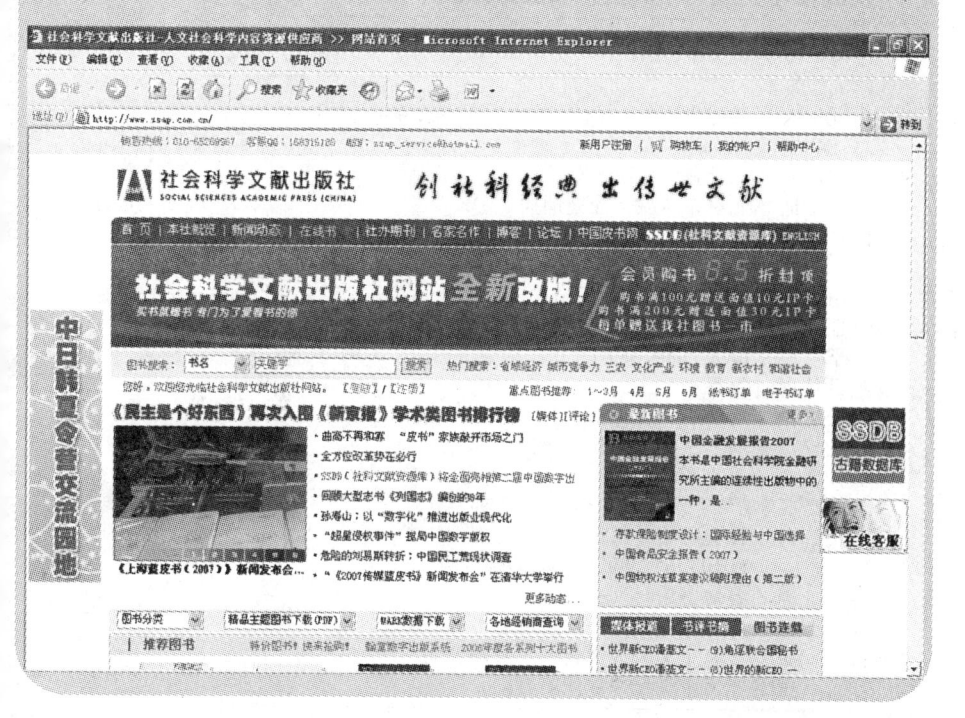

本社网站是一个交流的平台，"读者俱乐部"、"书评书摘"、"论坛"、"在线咨询"等为广大读者、媒体、经销商、作者提供了最充分的交流空间。

"读者俱乐部"实行会员制管理，不同级别会员享受不同的购书优惠（最低7.5折），会员购书同时还享受积分赠送、购书免邮费等待遇。"读者俱乐部"将不定期从注册的会员或者反馈信息的读者中抽出一部分幸运读者，免费赠送我社出版的新书或者光盘数据库等产品。

"在线商城"的商品覆盖图书、软件、数据库、点卡等多种形式，为读者提供最权威、最全面的产品出版资讯。商城将不定期推出部分特惠产品。

咨询／邮购电话：010-65285539　　邮箱：duzhe@ssap.cn
网站支持（销售）联系电话：010-65269967　　QQ：168316188　　邮箱：service@ssap.cn
邮购地址：北京市东城区先晓胡同10号　社科文献出版社市场部　邮编：100005
银行户名：社会科学文献出版社发行部　　开户银行：工商银行北京东四南支行　　账号：0200001009066109151

图书在版编目（CIP）数据

挑战博彩：澳门博彩业开放及其影响/黄平主编.
－北京：社会科学文献出版社，2008.5
ISBN 978－7－5097－0172－0

Ⅰ.挑… Ⅱ.黄… Ⅲ.彩票－研究－澳门
Ⅳ.F832.965.9

中国版本图书馆 CIP 数据核字（2008）第 060438 号

挑战博彩：澳门博彩业开放及其影响

主　　编／黄　平

出 版 人／谢寿光
总 编 辑／邹东涛
出 版 者／社会科学文献出版社
地　　址／北京市东城区先晓胡同 10 号
邮政编码／100005
网　　址／http：//www.ssap.com.cn
网站支持／（010）65269967
责任部门／编译中心（010）85117871
电子信箱／bianyibu@ssap.cn
项目负责／祝得彬
责任编辑／刘　娟　祝得彬
责任校对／周　宇　王晓蕾
责任印制／盖永东

总 经 销／社会科学文献出版社发行部
　　　　　（010）65139961　65139963
经　　销／各地书店
读者服务／市场部（010）65285539
排　　版／北京中文天地文化艺术有限公司
印　　刷／三河市世纪兴源印刷有限公司

开　　本／787×1092 毫米　1/20
印　　张／11.5
字　　数／164 千字
版　　次／2008 年 5 月第 1 版
印　　次／2008 年 5 月第 1 次印刷

书　　号／ISBN 978－7－5097－0172－0/F·0068
定　　价／29.00 元

本书如有破损、缺页、装订错误，
请与本社市场部联系更换

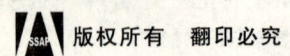

SSAP　版权所有　翻印必究